文津重读

历届『文津图书奖』获奖作者讲座集萃

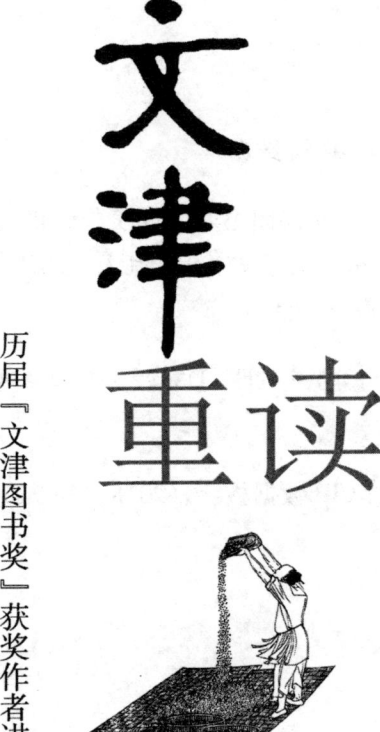

国家图书馆 编

国家图书馆出版社

图书在版编目（CIP）数据

文津重读：历届"文津图书奖"获奖作者讲座集萃／国家图书馆编. --北京：国家图书馆出版社，2018.12

ISBN 978－7－5013－6570－8

Ⅰ.①文… Ⅱ.①国… Ⅲ.①书评－中国－现代－选集 Ⅳ.①G236

中国版本图书馆 CIP 数据核字（2018）第 210438 号

书　　名	文津重读——历届"文津图书奖"获奖作者讲座集萃	
著　　者	国家图书馆 编	
责任编辑	许海燕	

出　　版　国家图书馆出版社（100034　北京市西城区文津街 7 号）
　　　　　　（原书目文献出版社　北京图书馆出版社）

发　　行　010－66114536　66126153　66151313　66175620
　　　　　　66121706（传真）　66126156（门市部）

E-mail　　nlcpress@ nlc. cn（邮购）

Website　　www. nlcpress. com→投稿中心

经　　销　新华书店

印　　装　河北三河弘翰印务有限公司

版　　次　2018 年 12 月第 1 版　2018 年 12 月第 1 次印刷

开　　本　710×1000（毫米）　1/16

印　　张　11

字　　数　180 千字

书　　号　ISBN 978－7－5013－6570－8

定　　价　58.00 元

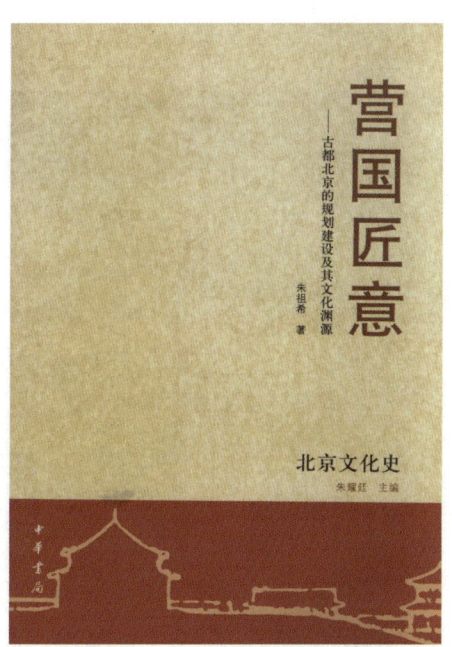

营国匠意——古都北京的规划建设
及其文化渊源

万物简史

科学是怎样败给迷信的：美国的科学
与卫生普及

风化成典：西藏文史故事十五讲

天涯芳草

中国在梁庄

希望
拯救濒危动植物的故事
珍·古道尔 著
黄乘明等 译

希望：拯救濒危动植物的故事

信息简史

数学之美

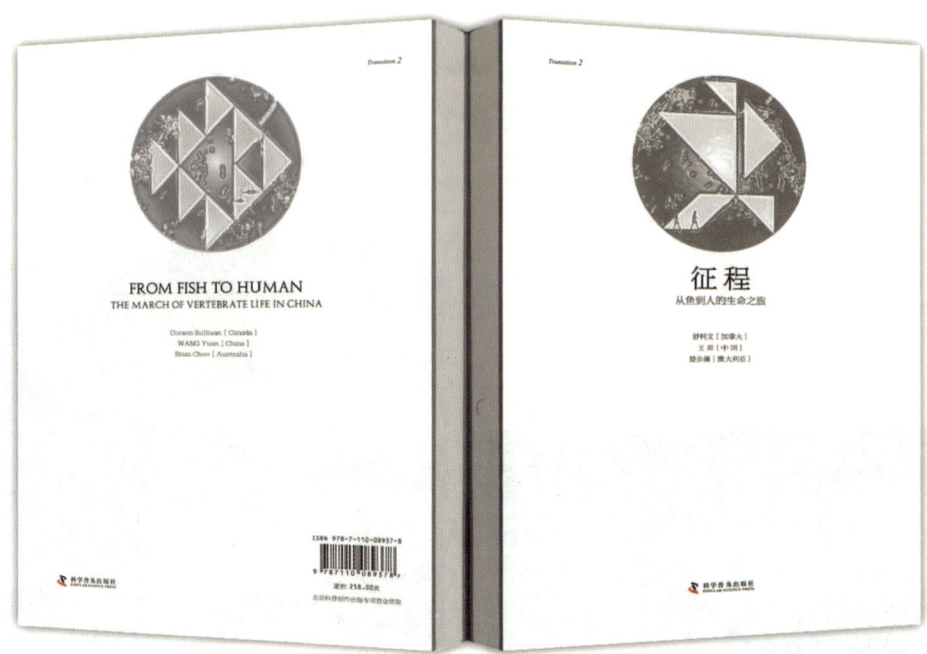

征程：从鱼到人的生命之旅

写给儿童的中国历史

古乐之美

编辑组：曹丽萍　刘　颖　金　龙　李　静

饶卓颖　盛芳芳　罗林池　黄　静

于　茜　李　静　李　扬

目　　录

分享关乎阅读的记忆（代序）

庄 建

此刻，站在这里，第十一届"文津图书奖"颁奖仪式上，思绪从远处飘来。我愿意将那些深藏在心灵深处的记忆，与大家分享，它们关乎阅读，关乎书香社会的营造。

2004 年的今天，就在国家图书馆文津广场，当中国计算机之父王选轻轻地将红绸揭去，"全民阅读"四个大字映入众人眼帘。从那时起，中国图书馆学会与国家图书馆首倡的"全民阅读"理念，不胫而走，在亿万人心中萌动、生长。2006 年，在中宣部、中央文明办、新闻出版总署、文化部、国家广电总局、教育部、解放军总政宣传部、共青团中央、全国总工会、全国妇联等部门共同倡导下，全民阅读活动在全国各地蓬勃发展。2013 年，115 位政协委员联名签署了《关于制定实施国家全民阅读战略的提案》，建议政府通过立法促进阅读风尚的形成。2016 年，全民阅读已经连续第三年写进政府工作报告。3 月 17 日发布的"十三五"规划纲要中，"全民阅读"位列国家八大文化重大工程之一，全民阅读工作在国家规划中的地位得以确立。"俏也不争春，只把春来报，待到山花烂漫时，她在丛中笑。"此时，我只想将这诗句，献给全国的图书馆人，献给为迎接书香社会到来辛勤努力的每一个人。

2005 年的今天，也是在这里，在第一届"文津图书奖"的颁奖现场，一位老人给我们讲了很久很久以前的故事。这故事，关于读书。他说："我国唐以前，一个博学的学者，可以读尽天下的书。宋代有了印刷，再博学的学者，穷毕生之力也读不完所有的书。"老人说，古人说"开卷有益"，这话有它的道理。老人又说，今天对"开卷有益"要有选择地对待了。青少年辨别力不强，读了一本坏书，可能对他不但无益，反而受害。"图书馆是一个面向广大社会公众服务的公益场所，我们有责任向读者推荐好书。尽量使益于社会的书得到推广，才能造福社会，有益于读者。这是大家共同的目的。我们希望举办

'文津图书奖'能够对我国文化建设尽一份绵薄力量。"中国民间有句老话：三岁看老。人如此，一个奖项也如此。"文津图书奖"从它诞生的那一刻，已将文化津梁的基因植入生命。描述出"文津图书奖"基因的这位老人，是任继愈先生，当时的国家图书馆名誉馆长，"文津图书奖"的发起人、组委会主任。他始终关爱着"文津图书奖"，直到他生命最后的时光。此时，我们把崇高的敬意献给他。

几天前，我走过国家图书馆新馆一层的展览厅。橱窗里的一本书黏住了我的目光。红色封面上有几个清秀的字："又见文津"，书中是历届"文津图书奖"获奖图书书评集萃。谁想，那一刹那，我心底奔来的却是一句"不曾离开，何谈又见"。11年，我和其他评委们一起，与"文津图书奖"相伴而行，"文津"的追求不曾有丝毫的懈怠，"文津"的职责一天也没有离开我们的双肩。我们时时反省，我们是否不辱使命，自觉维护着"文津图书奖"纯粹、干净的品格？我们常常自检，在每一次做出选择的时候，我们是否坚持了"文津"的标准，秉持了读者利益高于一切的理念。

我们都会老去，但"文津图书奖"长青。她用自己的生命迎接书香社会的到来，在氤氲书香中长青。让我们祝福她。

上面这些文字，是我一年多以前在第十一届"文津图书奖"颁奖仪式上的感言，现在，《文津重读——历届"文津图书奖"获奖作者讲座集萃》的编者将它作为代序放在这里，可见，这些文字表达的情感，在每一个与"文津图书奖"相伴而行的人心中有着共鸣。

此刻，翻检着《文津重读——历届"文津图书奖"获奖作者讲座集萃》中的文字，犹见12位作译者正从一座桥上走来，融进读者中间，把关于书的故事讲给读者们听，而他们刚刚经过的那座桥的名字，我们耳熟能详，那是"文津图书奖"。

庄建，高级记者。国家图书馆"文津图书奖"专家评委。

从万物的故事里走近科学

陈 邕

《万物简史》是继史蒂芬·霍金的《时间简史》之后，又一部在欧美引起极大轰动的科普畅销书。与《时间简史》形成强烈对比的是，这本《万物简史》非常通俗易懂、幽默风趣而且引人入胜。它主要是结合科学上的最新发现，以故事的形式勾勒出了人们认识宇宙、探索万物的科学历程，再现了科学史上那一幕幕激动人心的时刻。这样一本被业内人士誉为创造了出版奇迹的奇书，最初是如何诞生的，上市以后引起了怎样的反响，又是如何被引进到国内，并且为越来越多的读者所熟悉和喜爱的？此外，它在内容编排和行文风格上有什么特点，它吸引国内外千百万读者的独特魅力何在，它的面世又引发了哪些科普话题，对我们国人产生了何种借鉴作用？这些，就是我今天这场讲座的主要内容。

一、《万物简史》的源起

我们首先来看《万物简史》的源起。《万物简史》源自作者童年时期的好奇与遐想。20世纪50年代末，在美国爱荷华州有这么一个男孩，他在小学四五年级的时候，拿到了一本书。这本书看上去皱皱巴巴，又笨又重，但是书的前几页有一幅有关地球内部结构的剖面图。这幅图仿佛是把地球切了一刀，展示了地壳下面的地球内部的构成。这个小男孩看到这幅图以后，一下子就被迷住了。他对此感到非常好奇，科学是如何知道地下的内部构成的？然而这本书里并没有介绍他所感兴趣的内容，相反地却介绍了一大堆公式和一些类似于地轴偏差、背斜向斜等很抽象的名词。他通过看教科书，产生了这样一个想法：这些编教科书的人，总是喜欢把知识搞得深不可测，仿佛要保住他们知道的很多秘密，不让那些很有意思的内容被读者看见。他在成长的过程中越发觉得，科学是非常枯燥的，但也可以是非常有趣的。

第二点是一次偶然性机缘的触发。这个小男孩长大成人以后，便成了一名世界上最受喜爱的畅销书作家，他擅长用不同的眼光来看待他所游历的这个世界。在他的书里面，他将英国式的睿智幽默与美国式的搞笑绝妙地结合在了一起。他的尖刻加上他的博学让他的文字充满了幽默、机敏和智慧。借用英国《泰晤士报》的一句评语，他是"目前活在世界上最有趣的旅游文学家"。他的代表作有《哈！小不列颠》《欧洲在发酵》和《一脚踩进小美国》等。他的每本书上市以后，都会高居欧美畅销书榜的前列。其中这本《哈！小不列颠》，更是被英国读者推选为"最能深刻传达出英国灵魂的作品"。成年后在文学上取得的巨大成功，并没有让他忘记自己童年时期对科学的好奇与幻想。这些好奇与幻想只是暂时被岁月掩埋在了意识的深处，直到他在飞越太平洋的一次长途旅行中才被重新触发。当时是晚上，他望着飞机舷窗外洒满银色月光的海洋，突然一种强烈的不安感涌上他的心头：足迹遍及世界各地的他，这么多年来跑了很多地方，对于自己长期以来置身其中，而且这辈子也只能生活在其间的地球，竟然是那样的缺乏了解。所以他就产生了一种强烈的冲动，要真正地去了解地球。于是他查阅了很多资料，拜访了很多有名的科学家，通过三年的努力，终于创作出了《万物简史》这样一部科普巨著。他在序言里面讲，他想看一看，有没有可能在不太专门，或者不需要很多知识，但又不是很肤浅的层次上，理解、领会，甚至是赞叹和欣赏科学的奇迹和成就。这个男孩就是比尔·布莱森。

二、《万物简史》的出版反响

这部书于 2003 年 5 月在美国出版，出版以后马上便引起了比较大的轰动，曾连续数十周高居《纽约时报》和《泰晤士报》畅销书榜的前列。到 2003 年底，在美国亚马逊的十大畅销书中，就有《万物简史》的一席之地；在科学类图书当中，它排在最前列。这本书不仅在美国畅销，在英国的销量也十分可观。在 2004 年英国的畅销书排行榜中，这本书排到了第三名，在非文学类的畅销书中排到了第一名。还有一个反映这本书受欢迎程度的数据是，据统计，这本书上市以后，就一直占据着英美公共图书馆非文学类读者借阅量的头把交椅。读者到图书馆借阅图书，最喜欢阅读的非文学类的图书就是《万物简史》。这本书不仅有非常高的畅销业绩，而且还荣膺了许多大奖。2003 年，它是《纽约时报》评选的年度最佳图书；2004 年初，美国《科学》杂志把《万物简史》评选为 2003 年最佳科普著作之一；随后这本书又入围了英国 2004 年度非虚构类图书大奖；同年 6 月，它一举夺得了由英国皇家学会颁发的、世界上最著名的科普图书大奖"安万特奖"。2005 年 12 月，《万物简史》又夺得了由欧盟委员会颁发的、以法国哲学家和科学家笛卡尔的名字命名的科普图书奖。到目前为止，这本书已经被翻译成近 40 种文字，英文版的销量接近 500 万册。

《万物简史》的作者比尔·布莱森是美国人，曾在英国生活二十余年，现在定居英国。2005 年，他被任命为英国久负盛名的杜伦大学的校长，并且被众多大学授予荣誉学位。2006 年 12 月，为表彰他在文学上的杰出贡献，英国女王伊丽莎白授予他大英帝国官佐勋章（OBE）。比尔·布莱森还被称为是美国人送给英国的最好的礼物。他的作品在英美都非常受读者的欢迎。

三、《万物简史》的引进

这样一本畅销书，当初是如何被引进到我们中国来的？我给大家介绍一下。我最初看到这本书的选题信息是在 2004 年初，当时亚马逊网站正在做年度十大畅销书排行榜，我注意到《万物简史》榜上有名。作为一部科普类图书，销量这么大，就说明它非常受读者的欢迎。我立即意识到这是一个比较好的选题，然后就提交给我们社进行选题论证。这本书的内容非常好，所以选题论证很顺利地便通过了，但是申请版权的过程就不是那么顺利了。当时，国内至少有五家出版社提出了对这本书的版权申请意向。特别是在 2004 年 6 月，这本书获得了英国皇家学会的"安万特奖"后，版权的竞争就变得空前激烈。我们为了拿到这本书的版权，召集社里相关部门在很短的时间内就拿出了一个很好的宣传策划方案。并且，由于我们接力出版社长期以来一直跟国外版权公司合作，形成了比较良好的口碑。最终我们如愿以偿，拿到了这本书的版权。此时已经到了 2004 年 8 月底。

拿到版权以后，就要组织译者来翻译这本书。经过认真考虑，我们最后确定，邀请原解放军外国语学院英语系严维明教授来担当翻译。严老师曾经在英国伦敦大学和美国哥伦比亚大学以及乔治·华盛顿大学做过访问学者，同时拥有英国和美国的留学背景。他曾经翻译了以狄更斯的《雾都孤儿》和马克·吐温的《汤姆·索耶历险记》为代表的几十种图书。同时他自己还在教学和翻译的闲暇，创作了两本散文集《西欧见闻》和《大洋彼岸》。严教授从2004年9月开始翻译，到2004年底翻译完毕，前后不到四个月的时间。翻译完成之后，我们邀请北京大学校长、中科院院士许智宏为《万物简史》特别写了一篇序言，邀请北京大学物理系主任、中科院院士甘子钊，著名理论物理学家、中科院何祚庥院士等担任本书的科学顾问，同时还邀请北京大学哲学系吴国盛教授、刘华杰副教授、张卜天博士担任本书的中文译文的审订专家。最终这本书于2005年1月跟读者见面。从《万物简史》出版到现在不到三年时间，总销量已经突破了12万册，总印量已经十四五万册。这本书能够销到12万册，应该说是创造了一个销售的奇迹。社会各界对这本书的评价也比较高，中央电视台、新华社等国内主流的媒体对这本书都进行了广泛报道。

《万物简史》中文简体版不仅非常畅销，同时还获得了很多奖项。首先是在2006年获得了"科学时报读书杯"的科学普及佳作奖及市场推广奖两个奖项。2006年7月，又夺得了台湾吴大猷基金会主办的第三届吴大猷科学普及著作佳作奖。2007年又先后在三个很重要的奖项当中有所斩获：首先是在2007年4月获得了第二届国家图书馆"文津图书奖"；其次是2007年6月获得由共青团中央颁发的"我最喜爱的一本书·首届百种优秀青春读物奖"；再有是2007年9月获得了中国出版工作者协会颁发的中国图书界的最高奖——首届中华优秀出版物奖。此外，本书还入选了新闻出版总署向青少年推荐的一百种图书；《2005年知识工程推荐书目》。本书还成了很多网站的推荐图书，比如卓越网年度图书推荐；当当网的年度好书推荐以及搜狐、新浪、腾讯、TOM在线等很多读书频道重点推荐图书。《万物简史》在十几个省、自治区和直辖市都被作为读书活动的推荐书目。

2007年5月，《万物简史》推出了彩图珍藏版。中文简体版主要是一些文字，彩图珍藏版选用很多与内容相得益彰的精美图片，具有很大的收藏价值。

四、《万物简史》的主要内容

介绍完《万物简史》的背景情况，我们来了解一下这本书的主要内容。《万物简史》是到目前为止，为普通读者撰写的、有关科学发展史的最通俗易懂的著作。不需要任何高深的知识，我们就可以在轻松愉快的氛围中领略科学的奇迹与成就，感受世界的惊奇与美妙。

这本书共分成六部，第一部《寥廓的空宇》有三章，主要讲的是宇宙和星系的诞生，包括我们太阳系和太阳系的行星地球的诞生；第二部《地球的大小》共四章，主要介绍人类到目前为止对于我们所居住的地球的一些认识；第三部《一个新时代的黎明》有四章，主要讲的是微观世界；第四部《处境危险的行星》共三章，主要讲的是我们生命赖以生存的这个地球所处的险恶环境；第五部《生命本身》共十一章，讲的是在我们这个星球上多灾多难的生命进程；第六部《通向我们的路》共四章，主要是讲人类的起源和发展。

《万物简史》开头把目光直接引向这个寥廓的空宇。在讲到宇宙诞生的时候，作者描述说宇宙开始时的情形，是那里仅仅有一个奇点，把这个奇点看成是一个悬在漆黑无边的虚空中的孕点，这是很自然的，然而是错误的。在当时，没有空间，没有黑暗，没有空间供它去占有，没有地方供它去存在。时间也并不存在，它没有从过去产生这样一说。但是突然某个光辉的时刻到来了，奇点有了天地之大，有了无法想像的空间，其速度之快、范围之广，无法用语言来形容。这充满活力的第一秒钟产生了引力和支配物理学的其他力。不到一分钟，宇宙的直径已经达到了 1600 万亿公里，而且还在迅速扩大。这个时候产生了大量热量，温度高达 1000 万摄氏度，足以引发核反应，其结果是创造了较轻的元素，主要是氢和氦，还有少量的锂。三分钟以后，98% 的目前存在或者将会存在的物质都产生了，宇宙就从无到有了。这是个美妙无比的地方，而且很漂亮。这一切大约是在做完一块三明治的时间里完成的。实际上，它主要是采用了宇宙大爆炸这样一个最新的研究成果。目前我们人类对于宇宙诞生的，最新的或者最高的研究成果，就是宇宙大爆炸学说。宇宙大爆炸最初是起源于一个奇点很小的东西，然后在很短的时间内它就完成了这个无限的扩张，最终形成了我们今天的宇宙。后来约在 5 亿年前，逐渐开始形成大气。大气给我们遮挡了很多太阳光直射的紫外线，大气的形成，为生命的诞生孕育了一个比较好的温床。后来地球逐渐诞生了生命，作者说，尽管如此，丰富多彩的生命还是在地球上产生了。从地衣到三叶虫到恐龙到人类到微生物，生命的进化多灾多难，同样有痛苦，有欢乐。"生命想存在；生命并不总是想大有作为；生命不时灭绝。我们也许可以再加上一点：生命在前进。""我们每一个人都是一本保存了 38 亿年之久的发霉记录本，涵盖了反反复复的调整、改造、变更和修补。令人惊讶的是，我们甚至与水果、蔬菜十分接近。发生在一根香蕉里的化学反应，和发生在你身上的化学反应约有 50% 本质上是一样的。"因此作者做出了这样的结论——所有的生命都是一家，这是我们对这本书大致的介绍。

五、《万物简史》的特点

接下来我就从以下四个方面来分析一下这本书的特点和它引人入胜的原因。

第一，《万物简史》上天入地无所不包。实际上简史在西方有比较悠久的传统，这类图书的一个特点，就是往往喜欢从开天辟地谈起，一直谈到当下。《万物简史》可以说是一部关于现代科学的、通俗的百科全书。在 2005 年版的《万物简史》的封面上有这样一句广告语，叫"为万物写史，为宇宙立传"。这句话非常简洁地概括了这本书的主要内容。万物是非常大的一个词语，可以说是包罗了一切事物，任何事物都不可能跳出这样的范围。这本书谈的不仅是当下存在的万物，而且还追溯了万物发源的历史。在宇宙诞生的 137 亿年的时间里，有多少种物种出现，又有多少种物种消亡，这是一本轻松幽默的科普读物所能讲完的吗？

关于宇宙之大，作者是这样描写的："宇宙只发展到光走了几十亿年那么远的距离。这个可见的宇宙——这个我们知道而且在谈论的宇宙——的直径是 1.5 亿亿亿公里。"除了俯瞰宇宙之大，我们还可以俯察原子之小。原子之小，作者是这样给我们描述的："50 万个原子把它排成一行的话，还遮不住一根人的头发。"以这样的比例，一个原子小得简直无法想像。可以说在这部书里面充满了这种惊奇和感叹，我们看过这本书就会感受到这个世界的惊奇和美妙，宇宙以及我们所处的行星是一个险象环生的地方。

关于构成我们人体的或者万事万物的细胞，它里面的具体运动，作者是这样描写的："如果你有机会去访问一个细胞，你一定不会喜欢它的。若是将原子放大到豌豆一样的大小，那么一个细胞就会变成直径达 800 米的一个球体，由一个名叫细胞骨架的大梁似的复杂架子支撑着，在它的里面，几百万几百万个物体——有的大如篮球，有的大如汽车——像子弹一样呼啸而过。在这里面你简直难以找到立足的地方，每一秒钟都会遭到数千次来自四面八方的物体的撞击和撕扯。即使对长期呆在细胞里面的成员来说，这里也是一个险象环生的地方。每一段 DNA 链平均每 8.4 秒就会遭到一次袭击或者损害——每天都要遭到 1 万次——被化学物质或其他物质撞击或撕裂成片，所有这些伤口必须很快被缝合，除非细胞不想再活下去。"

这部《万物简史》非常庞杂，英文版是 500 多页，中文版是 400 多页。有的人形容它像砖头一样，但是它把宇宙演化的 137 亿年，从宇宙诞生之初，一直到我们人类成为地球上的主宰，这样一个漫长时期的、相关的、很多知识领域的知识，都融进到这样一本书里面，所以从这个意义上说，这本书又是非常轻松的、幽默风趣的一本书。大千世界尽在掌握，就是这本书第一个方面的特点。

第二，《万物简史》是赏心悦目的科学旅行。比尔·布莱森是一个旅游文学家，他却写出了这样一本轰动世界的科普书，他究竟是怎样做到的？

北京大学哲学系的刘华杰副教授说，比尔·布莱森的《万物简史》实际就是一次旅行，不过这是科学之旅。在写作当中，作者扮演的是导游的角色，他所给我们介绍的是科学中的名山大川。书中有别人看不懂的名词，但是没有别人看不懂的故事。他把那些看似枯燥无味的科学原理，变成了老百姓都能理解的东西。也许在科学知识的深度上，他不如科学家，但是作者做了大量的准备工作，阅读了很多最新的前沿的科学著作，所以他涉及的学科十分广泛。《万物简史》跟其他任何一本书都不一样，现代人的这种快节奏的生活方式，使以前我们那种板着面孔讲科学的科普书已经没有市场了。布莱森以清晰明了、幽默风趣的语言，用讲故事的叙述方式介绍科学，这很符合现代人的阅读习惯。我们在这场科学之旅当中，不必担心会在过程中感到乏味，因为有很多幽默风趣且充满魔力的文字在等着你，它们使得这本书变得引人入胜。

概括起来，首先比尔·布莱森善于将陌生的东西化为直观的、易想象、易理解的事物。清晰明了，通俗生动是《万物简史》的一个特点。我给大家举个例子。"广义相对论"的很多概念中，最具挑战性的、最难以理解的，就是时间是空间的组成部分的概念。爱因斯坦认为，时间是可以更改的，不断变化的。时间甚至还有形状，一份时间与三份空间结合在一起就不可思议地构成了一个时空。比尔·布莱森是这样来解释的：请你想像一个平坦而又柔韧的东西，比如一块地毯或一块伸直的橡皮垫子。在其上面放一个又重又圆的物体，比如铁球。铁球的重量使得下面的底垫稍稍伸展和下陷。这里的铁球就类似于太阳这样的庞然大物。铁球使底垫伸展、弯曲和翘起。现在要是你让一个较小的球从底垫上滚过去，它试图做直线运动，就像牛顿的运动定律要求的那样。然而，当它接近大球以及底垫下陷部分的时候，它就会自动地滚向低处，不可避免地被大球吸引过去了。这就是引力——时空弯曲的一种产物。从某种意义上说，引力并不存在，使行星和恒星运动的是空间和时间的变形。这样一些形象的比方，使我们对爱因斯坦的广义相对论有了直观的了解。

其次是诙谐机智、幽默风趣的笔法特点。这与作者往往采用很独特的视角，以及随处可见的幽默感是不无关系的。我们在阅读《万物简史》的时候可能都会有忍俊不禁或者会心一笑的体验。我从网上看到一个读者的留言，他说有一天晚上他很疲惫，他想拿一本书来催眠一下自己，结果很不幸，他拿到了《万物简史》。读着读着，兴趣顿生，兴致勃勃，结果他那天晚上都没有睡觉。给大家举一个例子，作者是这样描写我们身上的细菌的：人的身上有数不清的细菌。即使你身体健康，很注意卫生，你的身上大约也有 1 万亿个细菌，相当于每平方厘米上有 10 万个左右。这些细菌在你的皮肤上吃掉 100 亿片左右你每天脱落的皮屑，再加上从每个毛孔和组织里流出来的味道不错的油脂，以及强壮你身体的矿物质。你是它们举行冷餐会的场所。作者通过这样的描写，使我们对身上这些细菌产生了很直观很形象的感觉。比尔·布莱森曾说，我这本书的主旨就是要唤起人们对于科学的激情。我认为科学应该比我小时候的教科书更令人激动。应该说《万物简史》完全达到了这样的预期和目的。

第三，《万物简史》超越了传统的科学观。比尔·布莱森是以门外汉这样一个身份来写作这本书的，所以他在写作过程当中不仅查阅了很多资料，也请教了很多相关领域的专家学者。在书中，他就不会不懂装懂，也不会因为有一些问题比较幼稚和浅薄就不屑一提。北京大学的刘华杰副教授说，《万物简史》的另一个成功之处就在于作者的科学观。这位并非科普"出身"的作家，不仅对科学有宏观的了解，而且还超越了传统的科普概念，将一种新的人文理念和好的科学观融入其中。他讲到很多科学家时并不是一味地赞美，而是抓住了很多能凸显他们特点的细节。比如他曾讲到，发现第一批陆地生物翼龙化石的瑞典生物学家贾维克，居然把化石藏了 48 年不让别人看见。这个古生物学家在朋友当中是一个道德素质很差的家伙，把很多别人的研究成果据为己有。他这样来介绍科学家的时候，就拉近了本书与普通民众之间的距离。科学家也是人，也有缺点，这样的内容就让人感到很亲切。在比尔·布莱森的构思和描绘当中，他实际上是通过阐释科学发展的前前后后，向公众传播一种科学的精神与方法。

此外，我们在阅读教科书或者很多科普书的时候，经常会有这样一种感受，就是书里面讲的很多都是一种结果或者是一些条条框框。但是这些结果、原理或者规律最初是怎么被发现的，在发现的过程中有哪些有趣的故事，往往被教科书或者很多科普著作忽视了，而这恰恰是本书的一个长处。《万物简史》就是一本将我们从干巴巴的结论中解放出来的科普著作，让我们可以在轻松愉快的氛围中领略科学的奇迹和成就，表达对科学的赞叹。

第四，《万物简史》充满悲天悯人的人文关怀。一方面这本书介绍了人类在认识自然界过程中所取得的了不起的成就，另一方面则在叙述中展现了自然界的丰富、微妙、复杂以及精致的结构。作者认为这些远远超出了人类的认识范围，所以对自然界的这种感叹、尊重，甚至敬畏，是贯穿在全书当中的。放眼世界，放眼历史，科学最终要回答的是"我们是谁？""我们从哪里来？""我们到哪里去？"这样的命题。在这本书中，作者对自然造化的叹为观止，对人类活动的不断反思，都让读者感受到人类自身的局限以及自然的伟大。作者在书中举了这样一个例子，他把40多亿年的生命演进的历史，比喻成一天。他是这样来描述的：请你想象一下，把地球的45亿年的历史压缩成普通的一天，在这一天当中，生命开始得很早。出现第一批最简单的单细胞生物大约是在早上4点钟的时候，在此后的16个小时里面一直都没有取得多大的进展。直到晚上差不多8时30分的时候，这一天已经过去了六分之五的时候，地球才开始向宇宙拿出点成绩，但也不过是一成不变的一层静不下来的微生物。然后终于出现了第一批海洋生物，20分钟以后又出现了第一批水母，斯普里格蠕虫，以及最先在澳大利亚看到的那种神秘的埃迪亚卡拉动物群。到了晚上9时零4分，三叶虫登场了，几乎紧接着出场的是布尔吉斯页岩那些形状美观的动物。快到10点钟的时候，植物开始出现在大地上，在一天还剩下不到两个小时的时候，第一批陆生动物出现了。到了10时24分，地球上已经覆盖着石炭纪的大森林，它的残留物变成了我们今天的煤，第一批有翼的昆虫亮相。到了晚上11点多，恐龙们就以缓慢的步伐登上了舞台，支配世界达三刻钟左右。随后哺乳动物的时代开始了。而我们人类就是在午夜前1分17秒钟才出现。按照这个比例的话，我们全部有记录的历史不过几秒钟长，一个人的一生仅仅是一刹那的功夫。我们阅读《万物简史》，如果仅仅把它当成一部风趣幽默的科学发展史，应该说根本没有达到作者的目的。生命是自然界的奇迹，可是生命是如此脆弱，让我们震惊。地球是我们的家园，可地球在宇宙当中只是大海中的一滴水，地球的命运亦如此脆弱。对这个生命的家园我们还有什么理由来破坏它呢？珍惜生命、珍惜自然的这种悲天悯人的人文关怀，可以说是我们阅读《万物简史》以后的一个重要感受。

科学发展任重道远，这是题外话。众所周知，中国科技文明是世界科技文明最早的发源地，也是科学技术首先开花结果的地方。正是中国的四大发明，点燃了西方现在科技文明的火种。但是读者读过《万物简史》以后，往往会产生这样的疑问，为什么《万物简史》介绍了那么多的科学家和他们了不起的科学成就，却没有一处提到我们中国的科学和科学家呢？首先跟《万物简史》的题材有关，因为它主要反映的是西方近现代的科学发展史。但是另外一方面，尽管我们中国在古代的时候曾经创造过辉煌的文明，甚至一直到18世纪末期，康雍乾盛世时期，也一直是在世界上屈指可数的强国，但是到了1840年鸦片战争之后，中国的国运急剧衰落，沦落到被动挨打的地位。其中一个很重要的原因是，中国古代是高度发展的农耕文明，没有产生研究科学的土壤，科学文明并没有在中国古代这片古老的大地上真正地生根、开花和结果。同时我们的文化也束缚了科学的发展与进步。以陈独秀为代表新文化运动，提倡科学与民主，但是由于中国社会动荡的时局，科学之花也没能真正地绽放。到了改革开放以后，邓小平提出了科学技术是第一生产力，全社会大兴科教兴国之风，我们的科学技术才有了长足的进步，但是我们与西方发达国家相比还是有很大的差距。未来，社会的竞争主要是国民素质的竞争，提高国民的科学素质是当务之急，而《万物简史》的出版应该说在这方面做出了一定的贡献，值得我们肯定。

陈邕，《万物简史》译者之一。于2008年1月19日到国家图书馆举办讲座。此文根据讲座内容整理而成。

《万物简史》：（美）比尔·布莱森著，严维明、陈邕译，接力出版社2005年版。第二届"文津图书奖"获奖图书。

科学是怎样败给迷信的

潘　涛

科学是怎样败给迷信的？很多人一看到这个题目就会感到纳闷，因为在咱们受过正统教育的人的头脑里，始终会有这样一种感觉，科学怎么可能会败给迷信呢？或者说，科学肯定是要战胜迷信的。这是一种比较主流的观念。这里，我们先不说它对或错，我们先来看看事实究竟是怎么样的。

《历史上的书籍与科学》是一本非常独特的书，由上海科技教育出版社出版。它的原版书是由英国剑桥大学的一批科学史专家花了很多年的时间编写完成的。这本书很好看，里面配了大量剑桥大学图书馆馆藏的古籍插图，而这些古籍对于一般读者来说是很难看到的。所以我们就邀请了北京大学哲学系的一批专家把它翻译过来。我们觉得，讲科学史的书很多，讲图书的历史的书也不少，但是讲历史上的图书和科学之间关系的书非常罕见，所以这是一个值得做的课题。因为近代科学的兴起和图书出版业的发展几乎是同步的，它们相互促进。科学，特别是早期的科学，它的传播离不开图书这样一个载体。科学不可能仅靠咖啡厅或者一些比较休闲的场合来传播，那只是一种业余的闲谈。正规的科学一定要靠出版物来传播。所以它们两者之间肯定有着相互促进的关系。

牛顿之所以能成为近代科学史上的一位非常重要的人物，是因为他的著作《自然哲学之数学原理》。了解科学史的人都知道，牛顿出版这本书是他的朋友哈雷大力推动的结果。哈雷就是首先测定哈雷彗星轨道数据并成功预言其回归时间的那位科学家，哈雷彗星就是以他的名字命名的。哈雷跟牛顿是很好的朋友，他比较了解牛顿关于科学的一些想法。牛顿最开始不愿意把这些想法写成书，导致这些科学想法只是保存在大量的手稿里。我们可以设想一下，如果你的思想总是保存在你的手稿里，不公开发表也不公开出版，那么人们怎么会知道你有这些思想呢？科学也不可能承认你的地位。科学发展到近代以后逐渐形成的一个惯例是，承认公开发表的东西，而且特别强调优先权。也就是说，谁先发表，发明权就是谁的。哪怕先发表的东西里包含着一些错误也没有关系，这个优先权非常重要。所以哈雷就劝告牛顿赶紧把他的思想整理出来，并且资助牛顿来出版这本书。假如当时这本书没有问世的话，真的很难设想物理学的历史会是什么样子。

与此类似，达尔文当年也不着急出版《物种起源》，总想把它积累得再丰富一些。直到有一天，他收到博物学家华莱士的手稿。华莱士把自己一直在思考的一些问题写成文章请他审阅。达尔文一下子就紧张起来了，如果他把华莱士的这篇文章刊登出去而不发表他自己的东西的话，那么将来关于物种起源的思想，肯定就是华莱士的了。现在大家都知道达尔文，但很少有人知道华莱士，就是因为达尔文非常巧妙地把这件事情处理好了。他跟朋友们商量了以后，决定赶紧出书，在出书之前要把他的简要的思想也整理出来，跟华莱士的文章一同发表。当然，最后写出《物种起源》的还是达尔文。所以在生物学史上，达尔文的名字要比华莱士的名字响得多。

下面要讲的一个例子是数学上非常有名的"费马大定理"。这个大定理曾经在350年里没有人证明，大概是最近十年才把它真正解决了。当初提出这个定理猜想的就是费马，他在一本书的空白页上写了几句话，觉得应该有这么一个猜想能够成立，但是他又留下了一个很难解释的尾巴。他认为他自己能证明，他有办法证明，只是这个地方实在是写不下了，就没办法写了。实际上这个定理是极难证明的，所以费马的说法并不能令后人信服。假如给费马几页纸，费马就真的能在这几页纸上把它证明出来吗？现在这个定理要用几百页书那么大的篇幅才能从头到尾地完整地推理出来，哪一个环节都不能出问题。最后你的推理过程，还要一批专家反复验证，证明你是正确的，你的推理才算数。所以费马的那个说法是不算数的。

牛顿为了跟他的对手争夺"微积分"的发明权，甚至要动用他皇家学会会长的权力来压制对方。德国数学家莱布尼兹先发表了一篇关于"微积分"的论文，牛顿也有类似的思想，他们的表达形式不一样，才闹出了一场旷日持久的大争论，使他们双方都筋疲力尽。莱布尼兹非常天真，居然给他的竞争对手写信，请牛顿组织专家来裁决这场争论，到底是谁有理。于是牛顿就组织了一批拥护他的专家，用各种方式，甚至包括谩骂，把莱布尼兹批得一塌糊涂。研究科学史的人现在已经很清楚，这场争论令牛顿光辉的形象受到了很大的损害。在我们的中学教科书里，写到牛顿、爱因斯坦这些科学家的时候，一般都是讲他们光辉的一面，不会全面反映这个人的各个方面。霍金的《时间简史》一书有一个附录，里面讲了三个人：伽利略、牛顿和爱因斯坦。这个附录就把牛顿的一些很不光彩的行为写了出来，历史上真实的情况的确如此。

中国的科学史在西方人的笔下也受到过类似不公的待遇。我们的科学传统有几千年，也有大量的文献可以证明，但是西方人要么几乎不提中国，要么提起来也是很少很少。在他们眼里中国就几乎是没有科学的。这种状况也不难理解，这都是科学本位主义在作祟。科学实验的结果或者理论的成果，只有用论文或者论著的形式把它公开发表出来，才能获得科学界的认可。

优秀的科普读物在传播的时候，往往会有意想不到的效果。咱们很难设想一本科普读物究竟是通过哪些人，经历哪些环节，最后流传到一个人的手上，并对他的思想产生触动的。这样的情况是非常偶然的。我们可以借用混沌学上的一个术语"蝴蝶效应"来描述它。科普书里的一个很小的细节，可能一百个人、一千个人看了都无动于衷，甚至可能有更多的人根本就不知道有这本书，压根儿就没有看过它。但是其中有一个人看了，而且对他的思想产生了特别大的触动，没准儿就会对历史的发展产生重要的影响。

比如爱因斯坦。在他晚年的时候，很多记者经常问他，你的那些念头、思想是从哪儿来的？你的那些关于相对论、关于光电效应的思想怎么产生的？这些思想真的能从天上掉下来吗？哪怕是绝世奇才，也还是要受前人思想的触动和启发。爱因斯坦在回答这些问题时就提到了小时候读过的一套《自然科学通俗读本》。这套书大概有 12 册，是由非常优秀的科普作家同时也是科学家的伯恩斯坦写的。那时候爱因斯坦很小，他的一位亲戚很随意地把这套书丢到了他的面前，没想到竟对爱因斯坦产生了这么大的触动，让他到了晚年还念念不忘。

同样，毛泽东也有一套到晚年还念念不忘的科学类图书。最早的一批留美学生，如胡适、赵元任、竺可桢和任鸿隽等人都参与了这套书的翻译。因为这套书是一套四卷本的大书，几乎涵盖了当时科学的各个门类。1972 年，毛泽东接见李政道的时候就跟他谈到了这套书，说这套书对他产生了特别大的影响。我们还可以从近现代的很多名人回忆录里找到跟这套书有关的故事。

上海科技教育出版社近十年在做的一个大工程是编辑和出版《竺可桢全集》。目前已经做了五年了，大概还要再做五年。我们把竺可桢的论文、著作和日记都收录了进来。前四卷收录的是中文论著，第五卷收录的是英文和俄文论著，第六卷至第十一卷收录的是日记。竺老先生每天必写一篇日记，这是怎样的坚持和毅力啊！他早年留学时的日记在抗日战争期间被毁掉了，现在保存下来的日记是从 1936 年 1 月 1 日开始一直到他去世的前一天为止，一天不落。这里面包含着中国当代历史的大量史料。为什么要花这么大的工夫整理和出版这些日记？因为竺可桢既是教育家又是地理学家和气象学家，同时还是非常有名的社会活动家。他接触的各界人士非常多。每天他接触了什么人、处理了什么事、听到了什么消息、看到了什么报纸、阅读了什么文章，凡是重要的内容他都要记在日记里。我们在整理和出版这份日记的过程中就感受到竺可桢是一位非常了不起的大家，他的阅读面非常广。1944 年至 1945 年原子弹刚刚研制出来的时候，竺可桢就已经在关注了。作为一位地理学家和气象学家，他为什么要了解核能？因为他关心民族的命运、国家的命运和人类的命运。另外，他很早就开始关注人口问题了，可能比马寅初还要早。他当浙江大学校长的时候，马寅初还仅仅是他聘请到浙大来开讲座的教授。我们从他的日记中，就感受到了一位知识分子的使命与担当。所以借这个机会向大家隆重推荐。

我们研究中国近现代科学史，任鸿隽这个人物是一定绕不过去的。如果现在很多人都把他忘了的话，那真的是一件非常遗憾的事情。他早年曾做过孙中山的秘书，孙中山做大总统的时候，有一些重要的文稿实际上都是出自他之手，这个孙中山都是承认的。后来大总统的权力被袁世凯窃取了，任鸿隽等一批革命者不愿意跟随袁世凯。于是孙中山就专门拿出一笔经费，送这批年轻的革命者到美国留学，去学习科学。任鸿隽是中国科学社和《科学杂志》的主要创建者，1949 年后他担任上海图书馆馆长、上海市科协副主席。他自己有一部非常有名的著作叫《科学概论》（上篇）。这里还有个谜，有兴趣的人可以去考证一下，他这本书到底有没有下篇。按道理既然写了上篇那肯定是想写下篇的，究竟有没有写出来，我们到现在都还没有搞清楚。反正在上海是找不到的，国家图书馆似乎也没有，有兴趣的人可以去查一查。任鸿隽作为一个科学社团的领导人，要张罗的事情是非常多的。当时的中国科学社不仅仅是编几本杂志出几本书那么简单，他还是一个非常大的产业的组织者。他们要制造科学仪器，要管理明复图书馆，以及经营相关的一系列的事业。为了传播科学，他们不遗余力。

科学名著和出版业是紧紧捆绑在一起的。1543 年哥白尼的《天体运行论》出版，他要靠出版商来出版，自费印刷是不算数的。1632 年伽利略著名的

《对话》出版。这两本书传播的是比较正确的科学思想，所以它们的出版使得当时的天主教会非常紧张，引起了科学和宗教之间的一些冲突，这里面的故事有很多。所以通过出版物来传播科学思想有时候是有风险的，正确的科学思想并不是受到所有人的欢迎的。有时，教会甚至要把这些传播科学思想的人送上绞刑架或者用火烧死，历史上就发生过很多这样的事情。

生理学方面的名著《人体结构》，还有哈维的《心血运动论》，都是通过出版才能够成为学科史上的里程碑的。有的不一定是纯科学方面的书，比如说美国有本小册子叫《常识》。这本小册子在美国的历史上发挥过重大的作用，它的影响不亚于《汤姆叔叔的小屋》。不是所有的书都能改变历史，但是的确有些书对历史的影响非常大，这本《常识》就是如此。在中国，严复翻译的《天演论》对近代中国的影响也是非常大的，我相信大家都很清楚。很多人都是因为《时间简史》而知道霍金的。其实，他作为一位研究宇宙学和相对论的专家，要得到学术圈的认可，担任牛顿曾经担任的职位，仅靠《时间简史》是绝不够的。尽管他坐在轮椅上，但是他的思想非常惊人。像这样的好书实在太多了，上海的学林出版社出版的《丁文江印象》非常值得大家阅读。丁文江是中国地质学界的一位非常优秀的代表人物。

历史讲完了，再讲一些现代的事情，顺带着给大家介绍一些优秀的科普图书，主要有以下几个方面。

一是内容和形式的创新。这话说起来很容易，做起来就要看我们怎么动脑筋了。比如说《爱因斯坦·毕加索——空间、时间和动人心魄之美》这本书，有的读者就跟我们建议说这是哪儿跟哪儿啊，爱因斯坦跟毕加索有什么关系，有没有搞错呀？没有搞错，真的是有关系的。他们都是思想家，他们的思想都不是天生的，都会受到一些重要思想家的启发。这本书的作者是美国的科学史家阿瑟·I·米勒，他发现爱因斯坦和毕加索是同时代的人，而且他们都是在非常年轻的时候就表现出了极大的创造力。于是作者就调查他们两个人当时都接触了哪些人、读了什么书，发现他们当时都读了大思想家彭加勒的书。彭加勒在科学史上的地位很高，他除了写了几百篇非常重要的很多人都看不懂的论文之外，还写了一些比较通俗的面向大众的科普图书，比如《科学与假设》等。年轻的爱因斯坦和毕加索都读了这些书，而且还与朋友们讨论，这对于他们产生具有创造力的思想是很有帮助的。

同样是讲数学，是不是一定要采用公式满篇的那种比较传统的写法呢？不一定！英国有一位数学家，他的业余爱好是收集邮票，而且是专门收集和数学有关的邮票。他收集了三千多张邮票，从中选了 392 枚集纳成一本《邮票上的数学》，非常有意思。

《背叛真理的人们》是 20 世纪 80 年代美国两位很有名的科学记者写的，其中一位是美国《科学》周刊的专职记者。这本书的副标题叫"科学殿堂中的弄虚作假"。如今看来，他们真的是有天才般的预见性。现在我们看到学术造假这样的事情已经不足为奇了。不光中国有，全世界都有。这两位记者发现，科学的殿堂并非像我们的教科书里渲染得那样光明灿烂。于是他们在书中通过大量的案例来告诉读者科学的真相。

20 世纪 20 年代，爱因斯坦在美国普林斯顿做了几次演讲，后来形成一本小册子，这是一个里程碑式的成果。这本书几乎通篇都是公式，如果不是专业人士，几乎没有几个人能够看得下去，非常深奥。但是，这本小册子至今却一印再印，它为什么那么有魅力？因为很多读者都想了解相对论，都想知道爱因斯坦到底讲了些什么，而不是我们后人改造过的或者是转述后的内容。

《水晶太阳之谜》是一部很大、很厚重、考古色彩很浓的书，副标题叫做"现代人失落的宇宙奥义"。这本书和前面介绍的那几类书完全不一样，但是这本书也相当有吸引力。作者是英国人罗伯特·坦普尔。他满世界跑，曾多次到中国来。20 世纪 80 年代他陪着李约瑟来到中国，到了北京和上海。

英国人李约瑟是中国人民的好朋友，他写的一大套书《中国科学技术史》到现在还没有完成。这套书对于扭转西方对中国科学的认识发挥了很大的作用。前几年我们花了很大的工夫，引进和出版了牛津大学出版社的一套七大卷的《技术史》。这套书记录了从远古到 20 世纪的技术史，是一部技术创新的历史。牛津出这套《技术史》用了 30 年的时间，我们用了四年的时间把它全部翻译出来。这套《技术史》的主编是查尔斯·辛格，他是英国的一位科学史大家。李约瑟读大学的时候就跟辛格的关系非常好。辛格家有一个非常大的书房，里面全是科技方面的书，李约瑟就经常在这个书房里读书。所以李约瑟还没到中国来之前，就已经对科学技术史非常感兴趣了。

李约瑟 37 岁的时候在剑桥大学认识了三位中国留学生，一位是后来成为他夫人的鲁桂珍，一位叫王应睐，一位叫沈诗章。这三位中国人在剑桥读博士学位，李约瑟在与他们接触的过程中觉得中国人的智力并不比他差，在理解能力上几乎和他一样，都很聪明。既然如此，那为什么在西方人眼里中国几乎没有科学技术呢？他觉得很奇怪，认为不能这么简单地下断言，这就促使李约瑟想方设法要到中国来。他1942年、1943年来到中国以后，接触了一大批中国最优秀的学者，包括郭沫若和竺可桢等人。李约瑟是一位非常有毅力、非常聪明的英国人，他说他在37岁之前对中国一无所知，一个中国字也不认识，根本不知道中国有这么伟大的文化。37岁是他人生的转折点，自此以后他下大功夫来学中国的汉字、学中国的文化，居然还学到了非常精通的地步，能读中国的古文献。所以竺可桢这批科学家就非常支持他，想方设法帮他购买很多重要的中国古文献，给他寄到英国去。这样一来就促使他在1954年把《中国科学技术史》的第一卷写出来了。由于他对中国的材料搜集的越来越多，这部书就从最初设想的一卷本变成了七卷本，又从七卷本变成了几十卷，到现在还没有写完。李约瑟在95岁高龄时去世，现在还有一批中国学者在参与这个项目。

这部书篇幅浩大，内容博大精深，一般的读者很难读下去。作为李约瑟的一位年轻助手，坦普尔为了照顾更广大的读者，便在得到李约瑟的授权后，从这部大书里抽取了中国古代最重要的一百项改变了中国也改变了世界的发明。所以我们千万不要认为中国古代只有四大发明，其实中国古代的科学成就远不止这四项，随随便便就可以拎出一百项来。后来，坦普尔把中国的这一百项大发明写成了一本书，也被翻译成了中文。前几年这本书还被选入了人民教育出版社的教材系列，其目的就是要让我们的学生知道中国古代的发明和科学技术曾经达到过一个怎样的水平和高度。

坦普尔的另一部著作就是《水晶太阳之谜》，之所以要来探究水晶镜片，是因为他到了全世界很多博物馆，这本书就是讲他的这个经历的。他考证的结果是，望远镜和放大镜的发明时间远远不是我们很多人想象的那么近，古代中国还有很多其他文明在很早的时候，就已经发明了类似的镜片，有出土文物为证。古人创造了许多奇迹，我们千万不要低估了古人的智慧。

前面我们提到过任鸿隽，他的妻子陈衡哲是北大历史上第一位讲西洋史的女教授，也是留学回来的。1911年她在《科学》创刊号上发表了一篇非常著名的文章《说中国无科学之原因》，这篇文章至今还在不断地被考证和引用。但是很可惜的是，她生前没有出版过一本像样的文集。直到前些年，我们给她出版了一本《科学救国之梦》。因为她是当时"科学救国运动"的领袖。那一代有理想的人，要么走教育救国之路，要么走实业救国之路。陈衡哲就是主张科学救国的领袖人物。《科学救国之梦》是一本很大很厚的书，我们把她关于科学救国的重要文献都收纳了进来。我们现在有很多关于科学思想和科学精神的提法，如果我们不了解历史的话，会觉得这些提法很新鲜。但是如果我们回过头来看就会发现，很多关于科学的真知灼见早就被前人提出来了，只不过是我们后人不大知道而已。中华人民共和国成立之初，陈毅召开座谈会，请陈衡哲对科学的发展发表一些建言。她在那个时候就提出要把科学作为国策来发展，因为科学实在是太重要了。

我们知道的很多科学家，有些名字如雷贯耳，比如牛顿、达尔文、爱因斯坦和居里夫人。为什么我们要花那么多工夫，来出一些优秀科学家的传记呢？因为一般来说，传记会把一个人物从小写到大，写到他做出的贡献，最后怎么样走完这一生。从中我们能了解到他接受了哪些教育，受到了哪些影响。多萝西·霍奇金是牛津大学毕业的英国科学家，她的传记英文版名字是 *Dorothy Hodgkin*。这位科学家跟中国很有缘分，她对中国的胰岛素研究做出了很大的贡献。中国在 20 世纪 70 年代拿不出几项像样的科学成果，但胰岛素研究除外。对于胰岛素的研究，除了我们中国的一大批科学家的努力之外，还有外援，这个外援就是多萝西·霍奇金。她一直支持中国、苏联和越南等社会主义国家。她自己是诺贝尔化学奖得主，她为了支持中国来过中国八次。当她第八次来中国的时候，她的身体已经非常不好了，几乎是用担架抬来的。她知道这次来参加学术会议其实已经不能讲什么了，但是她要用自己的行动来证明她是一贯支持中国的。她甚至立下遗嘱，说如果死在中国她也觉得很高兴。这本传记就把这些故事都讲了出来。很遗憾的是，我们中国人反而讲得不多，所以我们便把这本传记的中文版名字定为"为世界而生"。她一生有那么多重要的成果，但是她从来不是只为英国服务的。她认为她的成果一定要让全世界来分享，这才是一位真正的科学家的崇高品格。

《美丽心灵》的主人公纳什也是一位天才型的，极具传奇色彩的人物，他是 1994 年诺贝尔经济学奖得主。美国好莱坞把他的故事拍成了电影，并获得了奥斯卡奖等多项大奖。这部电影非常市场化，但同时也展现了普林斯顿大学的学术氛围，看了让人很感动。这部片子的时长比较长，并且还有点沉闷，尽管如此，它还是有着独特的魅力。纳什在 30 岁最聪明的时候得了精神分裂症，整天在校园里游荡，到处乱涂乱画。但是普林斯顿大学却能始终包容他，就让他留在校园里，谁也不去干涉他。在他夫人 30 年的照顾和引导下，他居然慢慢恢复了正常，从精神分裂症的阴云里走了出来，而且还获得了诺贝尔奖。

回到讲座主题，《科学是怎样败给迷信的》中文版书名翻译得完全没有曲解原意。一开始我们也有点担心，也想是不是要把这个名字给改一改。曾经有过很多方案，比如说有人提"科学怎能败给迷信"，"科学败给迷信了吗"诸如此类。反正提来提去就是说科学不能败给迷信。实际上，这本书是美国的一位科学史家写的，讲的是美国的科普史。为什么这本书值得引进？因为它有六百多篇文献，也就是几乎全书四分之一的内容都是文献，所以这是一部非常扎实的著作。通过作者的考察，在美国一百年来的科学发展史中，比如说19世纪三四十年代的时候，有一批科学家非常热衷传播科学。所以那个时候迷信是占下风的，科学是占上风的。但是后来情况慢慢地转变了，在对大量文献进行研究的基础上，他认为美国的科学发展到现在，尽管很强大，但最终的结论就是这本书的书名。

但是大家不要曲解，不要认为科学在所有方面都败给了迷信，它的前提是在现在这个年代，在美国，科学在大众层面上输给了迷信。比如说，现在美国主要不是科学家在传播科学，而是很多媒体记者在做这个事情。科学发展到今日，任何一个分支的专业程度都很高，很多道理、很多术语，很难用简单的话向公众讲清楚。具备这种能力的科学家越来越少，很多人也不愿意讲，只愿意呆在自己的专业领域里。这样一来，向公众传播科学就变成媒体记者的事了。但是很多记者并不具备那么深厚的科学素养，他们往往将科学传播得比较简单化、碎片化，只是把其中的一些可能会吸引眼球的东西拎出来抛给公众。在电视、报纸、杂志和网络呈现给大众的科学中，被歪曲、被误解、被扭曲的东西实在太多了。

普通公众并不具备深厚的科学功底，无法对媒体传播的科学知识做出正确的判断，所以老百姓中很多人的状态就是你告诉我什么我就相信什么。媒体今天说喝红茶菌好明天说不好；一会儿说吃多了好一会儿说吃少了好；一会儿说盐吃多了好一会儿说盐吃少了好；还有鸡血疗法、放血疗法，到底怎么样才算好，真的是莫衷一是。尤其是当有些信息和市场利润结合到一起以后，科学就变成了虚假的代名词，变成了迷信的化身。本书的作者对广告非常痛恨，因为广告里的很多东西都是虚假的。广告不是给观众上科学课，所以它怎么可能把正面的东西和负面的东西都告诉你呢？它会告诉观众吃了它的产品有可能产生副作用吗？这是不可能的呀！现在，很多迷信是打着科学的旗帜，以科学的面貌来示人的。老百姓已经辨认不出它是迷信了，反而还把它当成科学和高科技了。从这个意义上来说，科学的确是败给了迷信。

《科学是怎样败给迷信的》这本书从物理、心理和医学方面，以硬科学和软科学的大量实例来告诉读者，美国一百多年的科普路是怎样走过来的。虽然书中的很多表述和论断并不中听，但是这本书出版以后在美国获得了非常高的评价，因为作者说了大实话。

实际上这本书一点儿也不新，我还在北大读博士的时候就因为写论文已经读到了它，发现它的内容实在是太精彩了。后来我从事了出版行业，当然就不会忘记这本书，现在终于有机会将它引进国内。这是一本 20 世纪 70 年代的书，但它到现在一点儿也不过时。作者专门为中国读者写了一篇序言放在中文版的前面，大意是说现在全世界都在关注中国的工业化和全球化进程，中国正在以滚滚向前的势头发展着。但是请不要忘记，他很不希望中国的科普也走美国的老路。现在我们每天打开电视，里面那些花里胡哨的广告就在播放，充斥着我们的眼球。所以，作者对中国公众和科普工作者的告诫不可不引起我们的重视。

潘涛，《科学是怎样败给迷信的：美国的科学与卫生普及》编审。于 2007 年 5 月 24 日到国家图书馆举办讲座。此文根据讲座内容整理而成。

《科学是怎样败给迷信的：美国的科学与卫生普及》：（美）约翰·C·伯纳姆著，钮卫星译，上海科技教育出版社 2006 年版。第三届"文津图书奖"获奖图书。

营国匠意

——古都北京的规划建设及其文化渊源

朱祖希

明清北京城集中体现了我国在都城规划建设上的理论、技术、艺术，它是我国劳动人民智慧的结晶。而作为北京城核心的故宫，是中国至今保留下来的、规模最大的、保存得也最完整的古建筑群。大凡世界上任何一个规划师、建筑师，当他看过了故宫和北京古城的整体建设格局之后，几乎都发出了来自内心的赞美和惊叹。

美国的城市规划师埃德蒙·培根就曾在他所著的《城市设计》一书中这样说过："也许在地球表面上，人类最伟大的单项作品就是北京了。这座中国的城市是设计作为皇帝的居处，意图成为举世的中心的标志。城市深受礼制和宗教观念所束缚，这已经不是我们今天所关心的事情。可是在设计上，它是如此地辉煌出色，对今日的城市来说，它是提供丰富设计意念的一个源泉。"

一、宫城居中，四方层层拱卫，中轴突出，两翼均衡对称——北京古都规划布局的最大特色

自古以来，以木构架结构为主要结构方式的中国古代建筑，创造了与之相适应的各种平面布局和外观，而且从原始社会的末期起，一脉相承，形成了一种独特的风格。这就是以"间"为单位构成单座建筑，再以单座建筑组成庭院，进而以庭院为单元，组成各种形式的组群。庭院和组群的布局，又大多按照使用者的政治地位、经济状况和功能方面的要求，沿着轴线（多数为呈南北走向的纵轴线）以均衡对称的方式进行规划设计和组合。明清北京古城，

正是在"象天设都""普天之下，莫非王土"的主题思想指导下，把宫殿与整个城市，包括城墙、街道、胡同，乃至数以万计的四合院，有机地结合在一起，"将深沉的对自然的谦恭情怀，与崇高的诗意组合起来，形成任何文化都未能超越的有机图案"（李约瑟：《中国科学技术史》）。

我们可以把明清北京古城的规划匠意概括成以下几个特点：

1. 全城以宫城为核心，并形成以紫禁城、皇城、内城、外城层层拱卫的平面布局。

2. 以"五门三朝"（"五门"即天安门、端门、午门、太和门和乾清门；"三朝"即午门外为"外朝"，太和门内，太和殿之廷为"治朝"，乾清门内之廷为"燕朝"）为主干组成的南北中轴线。它既是全城规划的"脊梁"，也突出了帝居的地位。

3. 以中轴线为依据布置"前朝""后市"，"左祖（宗庙）""右社（社稷坛）"，乃至郊坛（天坛、山川坛），两翼均衡对称。

4. "棋盘式"的道路网和里坊。

只要我们翻开中国的历史，纵观古代都城演进的轨迹，便会清楚地看到，古都北京作这样的规划布局并不是"无源之水""无根之木"。

建筑，原来是人类天才的创造，是用以满足人类生存活动的空间环境。建筑首先是为了人类遮蔽风寒、休养生息，进行室内生产活动等功利目的而存在的。同时，它又寄寓民俗观念，反映社会意识，表现审美情趣。"建筑是人类文化的结晶"。这就是说，建筑不仅是人类文化的重要组成部分，而且还是全部文化的集中体现。

"历史上每一个民族的文化都产生了它自己的建筑，随着这文化而兴盛衰亡。世界上现存的文化中，除去我们的邻邦印度的文化可算是约略同时诞生的兄弟外，中华民族的文化是最古老、最长寿的。我们的建筑也同样是最古老、最长寿的体系。在历史上，其他与中华文化约略同时，或先或后形成的文化，如埃及、巴比伦，稍后一点的古波斯、古希腊，及更晚的古罗马，都已成为历史陈迹，而我们的中华文化则血脉相承，蓬勃地滋长发展，四千余年，一气呵成。"这是50年前梁思成先生在他的《我国伟大的建筑传统与遗产》一文中的一段话。

古都北京城的规划建设既是我们中华民族文化的伟大结晶，也是她血脉相承、蓬勃发展、一气呵成的最好证明。

二、天人合一，象天设都——中国都城规划匠意的文化渊源

在中国古代，"天"似乎一直是一个摸不着、说不清、道不明，而又充满着神秘色彩的东西。但是作为驾驭宇宙、领袖群伦的超自然的精神支柱，"天"又是早期中国文化寄寓的精神象征——天帝。早在两千多年前，汉代董仲舒在《春秋繁露》中就这样说："天地者，万物之本，先祖之所出也。"既然先祖是由天所生，那么他便是道德的渊薮、礼仪的终极、伦理的范本。所以他又说："天出至明……君臣、父子、夫妇之道取之，此大礼之终也。"

我们的先民还认为，天界是一个以帝星——北极帝星为中心，以"四象、五宫、二十八宿"为主干构成的庞大体系。天帝所居的"紫微垣"位居五宫的中央，因此又称"中宫"。满天的星斗都环绕着帝星，犹如臣下奉君，形成拱卫之势。《文苑英华·众星环北极赋》中记载："天道恒象，人事或遵。北极足以比圣，众星足以喻臣。惟臣不矜，德合星之夕惕；惟圣不伐，道配极之日新。故得肃清黄道利贞，紫宸岂惟大邦是控，临朝御众而已……仰观其动静，旁畅其仪形，然后为政同乎北极，向方类乎众星。"

《论语》也说："为政以德，譬如北辰，居其所而众星共之。"人们在天上找到了至尊的象征、本源的所在，自然也就昭示尊与卑、本与末的关系，昭示人间的道德与永恒的秩序，从而形成了流贯始终的政治原则。作为中国文化中的一个观念原型，它制约、影响着政治与哲学观念，塑造着天人合一、君权神授的文化特色，并仿照北极独尊的格局，建成了一个大一统的国家体制。

人君与上天的这种"血缘关系"，大抵算得上是中国传统政治的一根最为强大的精神支柱。"天子"这个人间至高无上的称谓，正是在"君权神授""天命血缘"这样一种文化传统的"沃土"中诞生的。汉代的大儒董仲舒就认为，通天之际，正确利用天人感应，是保持政权长治久安的要诀，而天与人之所以能产生相互的感通，关键在于"以类合之，天人一也"。

由此也可以看出，"天人合一"不仅是中国文化、中华哲学的基本精神，也是中国最有代表性的文化特征，后代都城规划的礼制思想的基石。而"象天设都"的制度自周武王提出的"定天保、依天室"，并在伊、洛平原找到"土中"——洛邑之后，便使都邑的规划建设和建筑设计一起，成了后世中国帝都规划建设、宫廷建筑设计的传统和思想的渊源。

"从周至明、清，在设计思想上有一个长期延续的基本定式，即将主要建筑物安排在一条笔直的中轴线上，左右取得均衡对称，加上高低起伏变化。这种建筑艺术，呈现出雄伟、肃穆、开阔的气势，宫廷建筑尤其如此。明、清遗留下来的北京旧城、故宫、民宅是典型的样式。"（葛路：《美学演讲集》）这条被称之为"基本法式"的中轴线，便是自周秦以来，尤其是隋唐以来，都城建筑"天人合一、象天设都"，表现天地感通，且已经高度抽象化了的表达方式。

不仅如此，在北京城的东西南北，分别有日坛、月坛、天坛、地坛；中心是紫禁城。紫禁城四角对角线相交之处，正是太和殿（明称奉天殿、皇极殿）的所在，其周围的"三宫六院"，乃至整个北京城，都是"为人君者，取象于天"，拟似北极帝界天体模式的人工再造。"紫禁城"已是天朝紫微垣的象征，而紫禁城的中心——太和殿的名字"太和"二字，更寄寓了对君主制下所形成的一切秩序得意的自诩，它象征着天朝秩序的最高境界——和谐、天经地义、神圣难犯。

三、法天而治，天地感通——中国都城规划匠意的演进轨迹

"象天设都"经历了对天的"自然崇拜—自觉模仿—象征拟似"这样一个演进轨迹。我们今天看到的北京古城，便是其登峰造极的终结。只是"象天设都"，这一早已积淀成中国都城规划和建筑设计思想的稳固观念，在表现形式上更灵活、更含蓄、更蕴含文化意味。

如前所述，古人认为，天界是一个以北极"帝星"为中心，以"四象、五宫、二十八宿"为主干，组织严密、等级森严的庞大的空中社会。在这一体系中，"帝星"所居的紫微垣是最庄严、最神圣的府第。因其位居"五宫"中央，因此又称"中宫"，是天帝太一（即北极星）常居的天宫神阙，其东西南北四个方面，矗立四座神宫：东宫苍龙，西宫白虎，南宫朱雀，北宫玄武并二十八宿，异向同心，形成拱卫之势。因之，天宫中主从有序，等级分明，天帝、后妃、三公、四辅各居其位，左右星官各司其职，秩序井然——东藩大臣是"左枢""上宰""少宰""上弼""少弼""少卫"，西藩大臣是"右枢""少尉""上辅""少卫""上丞"。十二星臣同时又象征紫微宫的坚固城垣，分称"紫微左垣"与"紫微右垣"，二者合璧，构成一座完整的宫苑。甚至，

还有天帝率诸神常幸从的集市——天市。

古人从天体的运行中，发现了北极星的神秘莫测，并把它看成是超自然的神力所在，拥戴它作至高无上的宇宙主宰。于是便从建筑格局上开始进行模仿，并寻求象征物（建筑）与"存在物"（想像中的天体世界）的物物相对；再以后，又以内城建筑群体象征紫微，外城廓建筑群体象征二十八宿，乃至全天星斗。这便是"法天""象天"。

我们从许多已经考古发掘的遗址可以证明，远在六千多年前，似乎就已带有鲜明的、与天同构的痕迹。西安的半坡村、宝鸡的北首岭，还有临潼的姜寨等地的仰韶时期的文化遗址布局，就是一个最原始的、模拟以北极为中心的"天国秩序"：村落围成一个圆形，表现出"圆"以法天的思想。所有房屋的大门都朝向中心广场，表现出群星拱卫北极的认同和模仿；村落只朝东方留出道路，反映出"东方主生"的思想。而考古发掘的甲骨文，则提供了最早的书面证词："王乍（作）邑，帝若（诺）。"（董作滨：《殷墟文字乙编》）"□□卜，贞，王乍邑，帝若。"（李旦丘：《铁云藏龟零拾》）它说明殷商在建都作邑时，确实是要先得到天帝的允诺，并按照上天的意志去安排都邑的。亦因于此，殷人自诩其都为"天邑"，自称王朝为"天邑商"，又作"大邑商"。董作滨在其《殷历谱》中这样说："殷人以其故都大邑商所在地为中央，称中商，由是而区分四土，曰东土、南土、西土、北土。"可见其对北极星居中、四方星辰拱卫的上天格局，不仅已经有了认识，而且进行了模仿。

可以这样说，殷商的"天邑观"强烈地反映出了一种正统意识——天命在我，故而建都作邑，取象于天。

公元前 11 世纪中叶，商纣王沉湎酒色，耽于朝歌，酒池肉林，暴虐无道。周武王姬发继承先父遗志，高举义旗，一举推翻了殷商的统治，是为姬周。据《逸周书·度邑》载，周武王朝确立后的第一件事，就是要"定天保，依天室"，即按照上天的格局遴选都邑。为此，他曾对"南望过于三涂（今河南嵩山南）""北望过于有岳鄙""顾瞻过于河，宛瞻于伊洛"进行了广泛的勘察，终于在伊、洛平原找到了"无远天室"的地之中心——"土中"洛邑。这就是说，从形式到方位都要取象于天，并与之相对应。更重要的是，周人沿着殷商的"天邑观"，把"天"与"邑"、"王邑"与"土中"真正地结合起来，这一结合是古天文观与政治观念的结合，使都邑的规划建设和建筑设计成为观念形态的组成部分。这实在是一个质的变化。它标志着在中国的古代建筑思想中，神权的主导作用已经从朦胧到自觉。

为世所公认，我国历史上第一部关于都城规划建设原则的书——《周礼·考工记》，虽成书于春秋时代，却无不出自对周代营国制度的总结和诠释，对我国后世的封建帝都的规划建设产生了至为重大的影响。

据《史记》载，秦在剪除六国之后，群臣曾进谏："陛下兴义兵，诛残贼，平定天下，海内为郡县，法令由一统，自上古以来未尝有，五帝所不及。臣等谨与博士议曰：'古有天皇，有地皇，有泰皇，泰皇最贵。'臣等昧死上尊号，王为'泰皇'。"结果，秦始皇却回答说："去'泰'，著'皇'，采上古'帝'位号，号曰'皇帝'。"（司马迁：《史记·秦始皇本纪》）是为始皇帝。这便是借上古称天的名号，享用天的权威。同样，秦王朝以天为则，皇宫建筑亦追求与天同构。据《三辅黄图·咸阳故城》载，秦始皇"筑咸阳宫，因北陵营殿端门四达，以则紫宫，象帝居。引渭水灌都以象天汉，横桥南渡以法牵牛"，"更命南信宫为极庙，象天极"。连秦始皇陵也是"上具天文，下具地理"。因此可以说秦朝都城——咸阳的总体构思和皇宫的布局，亦都是"象天法地，天地感通"的。

汉长安城是汉惠帝在位（前194—前188）时所扩建的。尽管此时长乐、未央二宫均已建成，且其正门——安门宏大南凸，南城垣遂曲折而成"斗状"，西北侧受渭水制约，只得沿渭河南岸向东北延伸，而形似"北斗"，故汉长安城又称"斗城"。但汉人是以北斗之斗柄的指向来确定时辰和季节的。汉高祖刘邦十月入主咸阳，此时天又呈现金、木、水、火、土"五星连珠"之吉象，故开国之后仍因袭秦制，用颛顼历，以十月为一年之首月。此时北斗七星的斗柄正指向西北，遂因附会而将汉长安城西北垣建成北斗形；南垣则相应建成"南斗"，形成二斗星拱卫北极之象，故称"斗城"。同时，汉人崇信北斗"运于中央，临制四方"（《史记·天官书》），建斗城自有中央居要、四方来效、斗车运转、海内晏然的象征意义。再则，斗乃"璇玑玉衡，以齐七政"[注："七政"，一说为日、月和金、木、水、火、土五星，一说为春、夏、秋、冬、天文、地理、人道（《尚书大传》），《后汉书》补注，璇玑者，北极星也，玉衡者，斗九星也]的象征。建此，则意味着汉政权体制完备、政通人和（陈江风：《天人合一·汉宫命名的文化含义》）。这便是汉人政治理想的集中体现。

魏晋南北朝诸代天下纷乱，战争频仍，但"布政之宫，在国之阳；上圆法天，下方法地"（班固：《白虎通义·京师》）一类的象天设都的思想却并未有所改变。尤其是南朝诸代，如宋、齐、梁、陈等，其朝宫、城郭都是"体天含晖则地"，"考星创制"。

公元581年，北周静帝宇文衍以"木行已谢，火运既兴，河洛出革命之符，星辰表代终之象"（魏徵：《隋书·高祖纪》）下诏逊位，禅权于隋，即隋文帝杨坚。文帝灭陈，结束了南北割据的局面，并命宇文恺修建大隋国都。

宇文恺在考察了陈朝、南朝都城的建制后，于公元582年在汉长安城的东南兴建新都，名大兴城。唐代秉承隋制，改名长安城。

长安城上承周秦汉魏"象天设都"，特别是总结了北魏洛阳城规划布局的经验。它以宫城（太极宫）象征紫微垣，位居正北的中央部位，并附会了《周礼》的三朝制度沿宫城前的轴线依次布列，而以其正门——承天门为大朝，太极、两仪二殿为日朝和常朝，宫城以南是皇城；在皇城左右稍南分列两市——左为东市，右为西市。中轴线两侧则以棋盘式格局分列108个里坊。整个都城雄伟壮丽，蔚为大观。

长安城用象征手法，以宫城前的中轴线统领全城对称的建筑格局，表现出了"象天设都"的高度抽象、高度灵活，对后世都城的规划、建设产生了至为深远的影响。它不仅为北宋东京、明清北京城所继承，而且还为日本等国所效仿。

综上所述，明清北京城的规划布局，特别是皇宫在都城中的位置，即以太和殿居于紫禁城、皇城乃至全城的中心，形成层层拱卫的气势，以及在其正南面划出一条对准皇帝宝座的长长的中轴线，严格按照《周礼》所规定的制度对称，主次就位，承袭了"天子"为普天之下唯一统率的大一统思想，并在城市的空间规划布局上得到最完美、最辉煌的体现，其间经历了自秦汉至明清长达数千年的漫长岁月。

城市规划属于上层建筑范畴。其理念、方法无不受到政治制度，社会经济、科学技术水平，传统文化的强烈影响。明清北京城的规划建设，首先是秉承了"天人合一，象天设都"的规划理念，同时受到了《周易》《尚书》《周礼》《礼记》《史记》《管子》《诗经》《孙子》《山海经》《葬经》等古代著名典籍的制约和深刻影响。也因于此，明清北京城是独一无二的，是东方文化的渊薮。

用西方某规划大师的一段话作为本文的结束应该是恰当的："北京城乃是

世界的奇观之一，它的整体布局匀称而明朗，是一个卓越的纪念物，一个伟大文明的顶峰。"

朱祖希，《营国匠意——古都北京的规划建设及其文化渊源》作者。于2009 年 2 月 21 日到国家图书馆举办讲座。此文根据讲座内容整理而成。

《营国匠意——古都北京的规划建设及其文化渊源》：朱祖希著，中华书局 2007 年版。第四届"文津图书奖"获奖图书。

青藏上万里　往事几千年

马丽华

　　今天是冬至，也是一年一度的"文津图书奖"颁奖的日子，我的作品《风化成典：西藏文史故事十五讲》很荣幸地名列其中。当然，光荣属于历史，属于历史的创造者、记录者和研究者。如果说对我也是一种勉励和褒奖的话，那就是对我这三十多年来，对于西藏文化和西藏知识普及工作的一种认可。今天这场讲座，其实也是普及西藏知识的一种尝试和努力。在座各位可能都是对西藏感兴趣的人，有的人去过西藏，有的人没去过西藏。我希望今天通过我简短的介绍，能够让大家对西藏的情况有一番大致的了解。

图1　通往西藏西部阿里的路上（吕玲珑拍摄）

　　这幅图片是在通往西藏西部阿里的路上，摄影家吕玲珑拍摄的。西藏的自然风光给人以震撼，凡是去过西藏的人，他们的第一印象是什么呢？蓝天白云。但是蓝天白云只是一个概念，实际上它是非常生动的，就像这幅图片所展示的，汹涌澎湃。我在很长一段时间里都把它作为电脑桌面，后来换成了青藏卫星图片。我在西藏那么多年，走遍西藏各地，看到很多绮丽的风光，当然不仅仅是自然风光，我觉得不虚此行，不虚此生。今天我只是为大家大致地解读一下西藏，希望大家今后有机会亲自去一趟西藏，去感受那里的独特魅力。

一、青藏高原的前世今生

今天带来70多张图片，这些图片主要是《风化成典》这本书的插图，我们一起来看图讲故事。

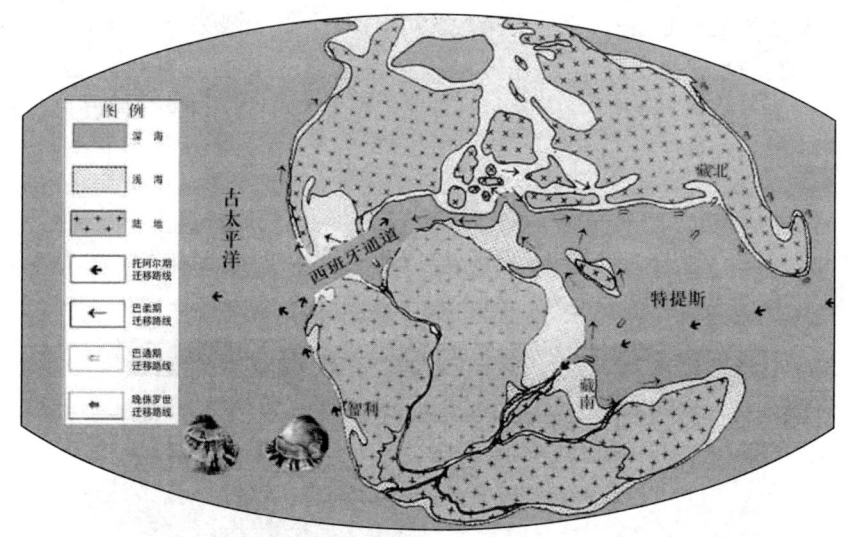

图2　侏罗纪牡蛎迁移路线图（古生物学家沙金庚教授绘制）

这幅图是《风化成典》的第一张插图，可以称作"青藏前传"，它表现的是1.5亿年前侏罗纪恐龙时代青藏地区尚未形成时的一幅地理图景。这张图片由古生物学家沙金庚博士提供。十多年前我采访了上百位科学家，把青藏高原的自然演化史编写成《青藏苍茫》。当时我就知道沙博士正在研究一种古生物牡蛎。他有这样一幅图片，出书的时候我特意向他求来。来自南美的牡蛎从现在的智利出发，沿着浅海或是顺着太平洋的洋流进行环球旅行，最终到达藏北这个地方，在唐古拉山顶定格固化，成为化石，后来随着地势的升高，现在到达海拔5000多米的地方。我们借助这张图片，可以看到1.5亿年前，青藏地区尚未形成的时候，藏南和藏北远隔重洋隔海相望的情景。我们中国藏学研究中心（以下简称藏研中心）的专家看到这张图片感到非常稀罕。当时"特提斯"古海大洋还处在它的第三阶段，第三阶段古太平洋已经生成，两亿多年前生成古太平洋。我们在高中学过20世纪60年代的一次地学革命，它是典型的技术革命推动的思想革命。主要内容包括地磁倒转，也就是海底扩张说，还有大陆漂移说和板块构造说。20世纪70年代以后，我们的青藏科考就借鉴了这些思想理论成果，研究出南来的印度板块向北推进漂移，然后在7000多万年前到达现在的印度南部南纬40度的地方，再以每年10厘米的速度向北推进，到了4000万年前和原来的欧亚板块碰撞形成了雅鲁藏布江这条缝合线，于是青藏地区全部脱海成陆。这幅图信息量非常大，它表现了青藏地区的自然演化史，也是地球演化史的一部分，它揭示了青藏地区的前身。

下面这幅图是青藏高原的今天，借助了卫星的眼睛俯瞰青藏高原。有人说形状像芒果，更多的人说像无腿的鸵鸟。按照主流观点，青藏地区4000万年以来历经了三次隆起、两次夷平，现在正处于第三次隆升的过程中。360万年前，青藏高原从两千米的高度开始，一直到现在，都在剧烈隆升的过程中，南来的板块还在继续向北漂移。塔里木盆地还在继续向北漂移。但是它为什么隆起？现在的解释是北边有塔里木板块，东边有扬子板块，都非常坚硬、古老、固若金汤，阻力非常大，而南来的板块继续推移，于是青藏高原别无选择地向上升高。东边受到阻力，没办法东移，于是就拐了个弯。虽然是刚性的地体，但可塑性还是很大的，所谓横断山区就是这样形成的。

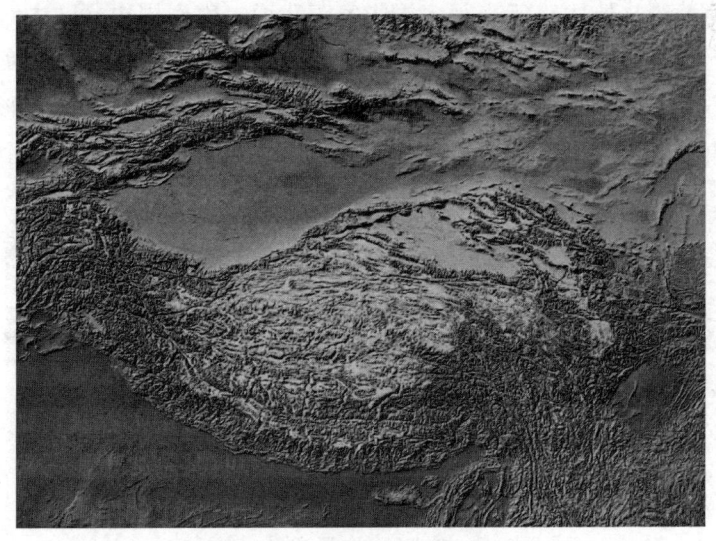

图3　青藏高原卫星图

　　整个青藏高原的总面积是 250 万平方公里，总人口上千万，世居此地的民族有二三十个，其中藏族是主体。高原的地貌大致分成两大类型，高原夷平面和边缘破碎带，高原的腹心地带和边缘地带差异非常大。以藏北高原为代表的高原夷平面，它的总体特征是高寒，相对高差不大，景色相对单调。而边缘破碎带的这些地方的景色则丰富多彩，高山深谷、大江大河，植被垂直分布，民族、人群居住垂直分布。如果请自然科学家来讲，可能更多的是讲植被类型。大家都知道林芝地区，旅游宣传册上说它是"西藏的江南"，还有藏东南一带的察隅也是如此。但是科学家非常不赞同这种提法，他们认为这样说弱化了当地风光，因为江南没有垂直分布的景观。雅鲁藏布江大峡谷下山的路是垂直的，几十公里的地带囊括了北半球七个气候带几乎全部的景观和植被类型。从永久冰雪带、荒漠地带，慢慢地有生物出现，有小灌丛、高大灌丛，然后到乔木，乔木又分针叶林、针阔混交林、阔叶林，再到山地热带，有全部的景观。我国非常著名的植物学家吴征镒院士说全世界的植物学家都应该来这里。关于当地人群的垂直分布我也是听自然科学家介绍的。20 世纪 90 年代我采写《青藏苍茫》的时候，兰州大学地理系一个年轻的博导跟我介绍说，他在甘青一带藏区做土壤剖面，注意到一座山，山顶高山牧场住着藏族，放牧牛羊；山底农区务农的是汉族，还有其他民族的农民；中间这部分住的是回民，他们四处经商，彼此间的生产生活方式迥然不同。很多年以来，我就对边缘地带情有独钟。我在西藏跑来跑去，后来很多摄影家跟我说，你到周边藏区去看看，那边更加丰富。后来我把云南、四川、甘肃、青海的藏区都走了走，确实在多民族聚居的地方，文化的交流、碰撞和相互吸收更加明显，风景更加多彩。引申到我自己从事的研究领域，其实也都是一些边缘领域。这就给了我一个启示和启

图 4　高原河流图

发，未来在学术研究方面不要怕什么冷门、非要赶主流，实际上边缘的地方也是大有可为的，学科交叉、跨学科的地方往往有很多开拓创新的空间。

我们来看这张高原河流图。这张图很难得，因为这是科学家根据原始数据绘制而成的。当然这只是个示意图，毕竟江河不可能飘在山顶上。我们讲青藏高原，它是千山之巅、万水之源，是江河的源头，是亚洲的水塔，这张图就形象地、一目了然地展示了出来。中国北方的黄河，发源于青海的巴颜喀拉山脉，途经扎陵湖和鄂陵湖，顺流而下，横贯全国，东流入海。长江，其源头是格拉丹东冰川，它的上游有很多名字，尕尔曲、马儿曲、白河、红河，然后是沱沱河、通天河、金沙江，到下边就叫长江了。紧挨着它的是澜沧江和怒江。澜沧江、怒江和金沙江并称"三江"。雅鲁藏布江跟喜马拉雅平行两千多公里，在林芝、墨脱处一个大拐弯，流向国外布拉马普特拉河。几条外流的河如象泉河、狮泉河和孔雀河从阿里流到印度，成为恒河和印度河的上游支流。大江、大河跟人类生存和文明的关系现在已经是常识了。大家经常讲青藏高原很有魅力，可以说出很多理由，但是很多说不出的潜在的理由就是我们人类潜意识中对江河的依恋。

我在跨学科学习自然科学时学了很多术语和思想方法。在河流方面我学了两个术语，来跟大家分享一下。一个是逢河必断，这个比较好理解，江河都是发育在断裂带上的，因为断裂带比较脆弱、薄弱。另一个词不太好理解，溯源侵蚀。说的是江河的源头一开始不是现在的这个样子的，是随着青藏高原的抬升，源头逐渐地向上延伸。在早期青藏高原的活动中造就了很多古湖泊，各个水系各自为政互不连通，但是随着360万年以前开始的第三次强烈隆升以后，那些源头向上伸展，各个水系相互连接贯通，形成了大江大河。有个关于黄河的常识给大家普及一下。黄河5000多公里，东流入海，对于黄河生命史的考察，兰州大学地理系是最有发言权的，这是他们的一个长期课题。兰州大学地理系出了三位中科院院士：李吉均院士、秦大河院士和姚檀栋院士，他们都从事古地理和古气候的研究。关于黄河的历史，他们给出了一组数据。170万年前黄河源头向上通过兰州，长江也于此时形成大川，源头已登上青藏高原，这是一个很重要的节点。120万年前，黄河源在祁连山，向下贯通，切开三门峡东流入海。15万年前，黄河才向上切开龙羊峡，兼并了共和水系。直到一两万年前，黄河才切穿了若尔盖古湖，源头伸向现代黄河源。所以大家不要认为几百万年来黄河的源头就一直是这样。

关于人类登上青藏高原的时间原来说法不一。最典型的是四川大学历史系考古系专家童恩正先生提出青藏高原有可能是人类演化的由来，很多人附和，因为青藏高原隆起过程的一些重要时段跟人类演化的一些重要时段是相吻合的。但后来的研究证明这种说法不一定正确，因为青藏高原在进入第四纪大冰期以来被很厚的冰层覆盖，外国科学家都说它延伸的冰层几十公里厚，一直延伸到大渡河边。古气候学家认为，距今三到五万年之间青藏高原的气候非常温暖，留下了很多旧石器。这是考古学家专门为我这本书绘制的一幅图。

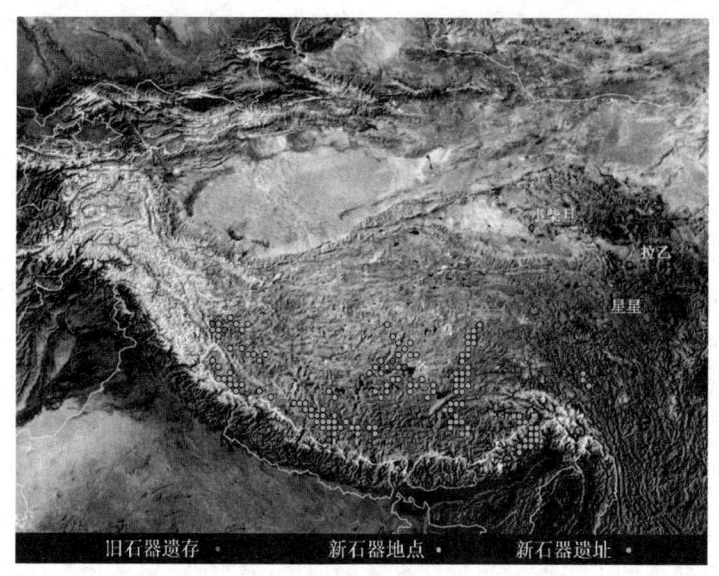

图 5　西藏地区旧、新石器遗址及石器点分布（李永宪绘于 2008 年 11 月）

我从这张图上发现，人类习惯沿河而居，雅鲁藏布江沿线、三江流域都有新石器时代的遗迹，非常有意思。我总是主张不管学不学这些专业，最好能够对一些学科有所了解。在西藏可以从事很多领域的考察，包括石器。我自己亲手拣过很多石器，这些上万年前人类先人亲手打制、使用过的工具，不知道有多少代人使用过，让人产生很多联想。

卡若遗址，是四五千年以前新石器的一个村庄，离澜沧江畔的昌都镇不远。1978 年昌都要建水泥厂，挖地基时挖出了很多陶片和古人类生活的遗迹。他们报告了西藏文管会，文管会赶紧邀请了四川大学考古学家，他们带来了很多学生，西藏文管会自己的藏族专家也参加了。这些学生后来都成长为第一代西藏的考古学家了。2002 年，四川大学考古专家又来进行第二次发掘，找到

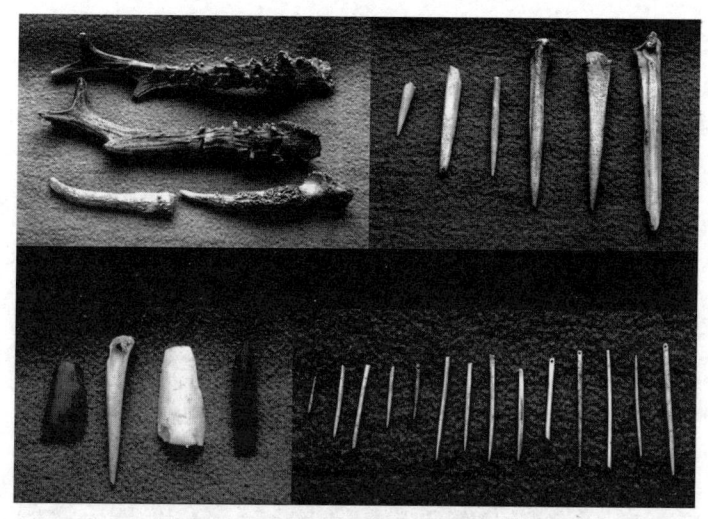

图6　卡若遗址中发掘出的骨器

了一些骨器、角器等，如鹿角、岩羊的角，都是因地制宜、因材施用。我在藏北高原走访牧人家庭的时候，发现他们可以完全脱离现代环境，用自然之物生活下去。比如他们的帐篷是用牦牛长可及地的裙毛编织而成的，十头牦牛的裙毛可以编一般大小的帐篷。他们固定帐篷的橛子是羚羊角。切菜板是野牦牛的头皮，非常厚，几辈子都用不坏。这些都是传统的延续。

四五千年前的昌都卡若遗址发现的粮食作物有谷物、小米，而在拉萨发现的两三千年前的曲贡遗址以及阿里发掘的两三千年前的遗址墓葬，就开始有了小麦等麦粒作物。这是一个非常重要的物质文化交流，小麦被输入到了雅鲁藏布江、拉萨河一带的古地上。小麦是农业技术的一个进步，它需要灌溉，比谷类这些旱作物要高产，可以养活更多的人。吐蕃就是在麦类作物引进的基础上壮大了实力，崛起扩张，走向强盛的。

在接触青藏高原的前世今生，看了中国的地势图后，我们可以思考，为什么中国的古文明五千年传承不衰，而不像其他古文明那样早早地换了主人和模样？中国大一统观念从何而来？为什么它既是国家意志，又是主流民意？我觉得自然地理是一个重要的因素。正如黄仁宇在《中国大历史》一书中所讲的那样，影响中国命运的三大因素，即黄土、黄河和季风雨。这三大因素都与青藏高原密切相关。从云贵高原、青藏高原、帕米尔高原、蒙古高原到东北大、小兴安岭，长白山，三面环山一面环海，这种地理格局规定了中国人的生存空间，在相当程度上也决定了中国历史的走向，最终形成了中华民族多元一体的基本格局。

二、青藏高原的历史地理变迁

和自然地理变迁相关的还有青藏高原的历史地理变迁。在布达拉宫壁画里有关于古人生产活动的画面，里面出现了二牛抬杠，这是农耕文明的典型表现。

图 7 布达拉宫壁画（局部）

现在的青藏高原在包产到户以后，恢复了二牛抬杠的春耕仪式。按照习俗，春节藏历年过了十五以后，人们计算好日子，举行开耕仪式。这是一个盛大的节日，因为农业社会的理想就是农业丰收，对于耕种非常重视。我参加过在拉萨附近的乡村举办的二牛抬杠仪式，用的是犏牛，犏牛是牦牛和黄牛杂交的，价值比较高。当时我们拍摄时认为牦牛才是西藏的特色，犏牛特色不明显。但是老百姓说不能用牦牛，穷人才用牦牛耕地，犏牛的价值是牦牛的数倍。

在吐蕃兴起之前，青藏高原有象雄，它崛起的时间比吐蕃早，现在象雄的遗迹是苯教，原始苯教是从象雄发源的。象雄的位置在现在的阿里，在汉文史料中叫羊同，大小羊同。在吐蕃崛起过程中还没有跟中原王朝联系的时候，羊同早已与中原有交流。史书记载，文成公主嫁往西藏的前几年，羊同还派使者到长安。从阿里地区的岩画中可以清楚地看到很多历史信息。比如小人山谷岩画，好像就有背着行囊的商旅队伍。据国内学者研究，阿里这条线在古代交通史上非常重要，它很可能是丝绸之路的一个分支，因为从公元 1 世纪起，古罗马就出现了西藏的麝香，说明可能有商道沟通东西方。因此阿里这个地方的考古还是很有内容的。最近的一个考古发现，是在阿里唯一一座苯教寺庙附近。2006 年一辆大车在寺庙旁边陷车了，寺庙僧人赶来帮着救车，在陷车的地方发现一座古墓，出土了一大卷丝绸，时间可能是公元四五世纪的，也许还要再早一些，上面有蓝底白画的王侯字样以及对鸟、对兽图案。

　　再简单介绍一下吐蕃。松赞干布是吐蕃王朝的建立者，大概在他去世后90 年赤松德赞继位。赤松德赞也是一位很了不起的藏王赞普，出生于公元 742年。经过他一生的文治武功，吐蕃的面积实现了最大化。我在写《风化成典》初稿时，书中的一大半内容都是与吐蕃相关的，后来负责审稿的藏学专家说吐蕃占的篇幅太多了。我说是因为吐蕃太好看了，吐蕃是西藏世俗社会的一个巅峰。吐蕃瓦解后，西藏就进入到了宗教社会阶段。吐蕃的了不起之处就在于它是一个既以武力称雄，又大力发展文化的王朝。当时藏汉文化的交流是空前的，那是一个非常了不起的时代。吐蕃创制了藏文，使用了拼音文字，但没有进入汉字文化圈，文字差异比较大。同台湾一位研究吐蕃的藏学家交流时，他说文字有文化认同和凝聚的作用，藏文漂亮且很先进，很有价值。松赞干布时期吐蕃与大唐处于蜜月期，持续了很多年。大家很熟悉的唐朝阎立本的《步辇图》中，就有吐蕃禄东赞的形象，很有意思。蜜月期一过，松赞干布去世，唐蕃对打。布达拉宫的壁画表现了唐蕃时期的征战。

　　达扎路恭纪功碑原来在布达拉宫后边龙王潭那里，现在挪到布达拉宫广场去了，我叫它方尖碑。公元 763 年，达扎路恭率领吐蕃大军长驱直入，一举拿下长安，占领长安15 天，扶持傀儡皇帝——金城公主的侄子李

图 8　达扎路恭纪功碑

承宏登基。达扎路恭回去以后，赤松德赞就给他立碑表彰他的事迹，让他世世代代享受特权。这个藏文碑就记载了这些经过。

吐蕃两百年间一直是一个军事联盟，或者叫军事奴隶制。公元821年在长安、公元823年在拉萨分别设立了唐蕃会盟碑，从此结束了两百年的征战。双方商定同呼吸、共命运，共同繁荣，共同衰落，是最后和好的一个象征。

没过很多年，吐蕃先衰落了，唐朝的气数也差不多了。五代十国是最战乱的时候，四分五裂，人民群众生活在水深火热之中，迫切希望大一统，和平安定。当时地理环境中，先辽后金，中间是西夏，南宋偏安一隅，大理、云南也换了主人，蒙古正蓄势待发、虎视眈眈，吐蕃则最为安静。青海那一带先后存在过几个地方政权，如六谷蕃部、唃厮啰政权等，那时他们跟中央王朝的关系就是联盟。唃厮啰称宋朝皇帝为阿舅天子，唃厮啰也是正统，是吐蕃王室的后裔，它存在了一百多年。后来北宋南迁，唇亡齿寒，唃厮啰政权也不存在了。西藏本土是最安宁的，宋朝时已经开辟了茶马古道，有茶马司了，因为宋朝偏安一隅，要跟北方游牧民族打仗，但是它自己的马体型偏小，所以就主要从西藏、青海一带进马，茶马互易。四川天全县现在还有一个茶马司，据说是宋代建起来的，明朝继续沿用。吐蕃这时处在一个社会转型时期，藏传佛教就是从这个时候开始的。公元869年平民起义，后来王室内讧，发生了很多故事。西藏从政治体制来说进入到了一个新的时期，没有统一的政权，各个地方新老贵族重新统治，分而治之，也叫分治时期。藏传佛教前弘期主要是在王室和上层，经过这段分裂割据、没有统一政权的几百年，藏传佛教的传播开始深入民间。公元840年前后，唐朝和吐蕃，同时发生了一次重大事件，就是打击佛教。在西藏是朗达玛灭法，在内地是会昌法难。而河西甘青那一带却成了避难所。公元10世纪，佛教徒鲁梅·楚臣喜饶等卫藏十人前来青海丹底寺求法取经，带回了火种，这叫下路弘法，是从甘青康地一带传播而去的。上路弘法是在阿里地区。吐蕃王室后裔逃到阿里，建立了古格王朝，一直大兴佛法，后来出了好多大译师和著名的高僧。古印度大师阿底峡也向腹地传播。经过三四百年的分裂，到元朝以后西藏正式纳入中央行政管理。虽然时间不长，但是也做了很多事情，进行行政方面的建政设治，像清查户口、确定贡赋、实施刑律这些工作，其中它在历史地理上的大贡献是划分了三大区域，奠定了现在的地理基础，安多、康巴和卫藏。藏族俗话讲，安多的马，康巴的人，卫藏的宗教，充分地说明了各地的特征。后来安多那个地方还出了很多学者。这和八思巴担任了帝师，并且兼领总制院事，负责西蕃和藏传佛教的全国事务有很大关系。八思巴创造了八思巴字，以藏文为基础，可以拼读任何语言。但是没能推广，现在成了文物，在西藏好多贵族家里，还有八思巴文的一些刻章，很有意思。

图9　夏鲁寺

上图是夏鲁寺。当时西藏划分为13万户。夏鲁是一个万户，万户长是八思巴的舅舅。八思巴在给忽必烈呈文时说，他的舅舅想建一座寺庙，希望能够给予扶持。忽必烈就说，你的舅舅也是我的舅舅，理当扶持，于是就拨付了很多金银财宝、琉璃瓦、建筑材料，派了一些工匠。所以我们戏称中央政府的第一个援藏工程是在元朝时进行的。后来日喀则地震时夏鲁寺遭到毁灭性破坏，14世纪重修的时候，还是从内地请了好多工匠，部分琉璃瓦还是从内地运来的。

元代是藏传佛教大传播的时代，而且元代还做了一件了不起的事情，就是集结了很多民族的大译师，把藏汉大藏经进行目录勘同，这个工作现在并没有人做。这是一个里程碑式的工作。看过书的人知道南宋恭帝赵㬎，他19岁时失踪，后来发现是被忽必烈发遣到萨迦寺，他在萨迦寺成了一位高僧。他的藏文很好，可以翻译佛经，还做到总持的地位。他的下场很惨，被元英宗杀了。藏文史籍中非常同情他，说他流血成乳，就是流白色血。他是蒙受奇冤，临终前发誓，我没有谋反之心，这样对待我，来世我一定要重夺皇位，果然他就投生成了朱元璋，这是藏族的说法。

在这里简单说一下明朝。明朝因袭故元，多封众建，因俗而治，管理得比较松散，它封了三大法王，其中大宝法王被请到南京，给朱元璋夫妇做超度法事，据说当时天空出现了种种祥云的吉祥景象。

图10　《如来大宝法王超度明太祖宝卷》长卷（局部）

这张图片是《如来大宝法王超度明太祖宝卷》的局部图，是一位汉族画匠画的，它被送到西藏以后被一直保存着。但是没想到他这幅画，影响了西藏一个唐卡的画派，就是昌都那一带的，很多技法都是从这里来的。2008年北京举办奥运会，四川甘孜藏族画家集体创作的千幅唐卡《格萨尔王传》在北京展出，这些作品的很多技法都与600年前的这幅作品如出一辙。

清朝的历史地理，比较接近现代的格局，因为周边已经改土归流了，建的是行省。现在我们的地图，都是从清朝沿袭下来的，比较近现代了。乾隆皇帝的威信很高，非常受藏族人的崇敬，尤其是知识分子。十卷本的《清实录藏族史料》，其中有六卷是乾隆年间的。乾隆事必躬亲，做了很多好事。廓尔喀之战是乾隆的十全武功之一。每一次武功、每一次打胜仗，乾隆都要有一套文档、一套绘画、一套铜版画作纪念。最早的一个战役，是到巴黎制作的铜版画，后来中国人把那个技法也学来了。

三、青藏高原的文化地理概览

再简单说一下青藏高原的行政地理状况。它有七个地市，其中传统的卫藏就是拉萨市、山南地区、日喀则地区，基本上是腹心地带，然后就是林芝地区，所谓的西藏的江南。再过来就是昌都地区，都是非常有内容的地方。那曲本来是藏北高原那曲地区的首府，实际上处于边缘地带。那曲地区的东边有四个县，向横断山区过渡，也是高山深谷的地理环境。藏北高原包括了那曲地区以及阿里的几个县份，改则、措勤、革吉、日土的相当一部分，号称60万平方公里，正好占了西藏120万平方公里面积的一半。阿里比较有文化感和历史感的实际上是普兰、札达、噶尔，还有日土的一部分，这些都非常吻合自然地理和传统地理。林芝也有一些独特的历史。西藏各地千差万别，面貌差异很大。山南地区是农区，吐蕃王族正是凭借这些农田壮大了实力。藏北高原比较典型，到了无人区，非常荒寒，气候差异很大。西藏文化有个形象的称呼：农业文化是青稞文化，牧业文化叫牦牛文化。昌都横断山区是在高山深谷里，在一条山沟一个冲积扇上开垦出田地盖上房子，人类生活就在这里源远流长地进行了下去。阿里比较荒凉广大，1990年我去的时候，30平方公里的面积上有六万人，最近的数据说是七万人，依然很少。最北部的安多县在行政划分上已经是在青海境内了。他们属于多玛部落，我在《藏北游历》中描写过，他们骁勇善战，以前跟青海那边的游牧部落经常争夺草场，发生战斗。

图11　驮盐队

　　随着时间的推移、传统文化的变迁，盐湖驮盐活动及附属的一些文化现象基本上已经消失了。我20世纪80年代拍过800只羊组成的驮盐队，羊背上的袋子非常小，只能装七八斤盐。单程要走一两个月，羊天天背着，晚上睡觉也背着，羊毛都磨秃了。

　　下面是李小可的作品。小可根据拍摄的图片进行电脑加工和丝网印刷等几十道工序做成了可以登上大雅之堂的艺术作品。西藏百姓最无心的日常生活和劳作，经过艺术家之手变成了艺术品，作为最时尚的作品被传播。关于传统和现代的关系，每一个文化人心里都有一些感触。作家阿来说到藏族必须要发展，必须要接受现代文明，但是同时回过头来再看看很多传统已经消失，心就有点撕裂。

图 12 《行》（李小可绘）

李小可的版画作品中那些藏族百姓很无心地站着、蹲着、坐着，都有雕塑感，确实很值得欣赏。

图 13 《墙下》（李小可绘）

我在米林县博嘎尔部落珞巴族采访过最后一位巫师，她女儿雅伊是我们西藏歌舞团的好朋友。我去看望她主要是想请她给我讲一下珞巴族的创世神话、珞巴族原来的灵魂观念。老太太一开口就把我震住了，她说世界上本来一无所有，直到天和地结了婚。天和地结婚后生下了人、老虎和猴子三兄弟，它们禀性不同，各奔前程。但是人和老虎始终是好朋友、好兄弟，后续的故事还挺多。他们讲灵魂观念的时候就非常迟疑，原来他们的天堂、地狱观念跟我们有点相反。就是说正常死亡的入地为安，你生前的那些亲人以及喂的牛、羊、鸡、猪等全部要跟你团圆。但是在到地下的路途上，好像走下一个楼梯似的，这个时候你一生中打死的那些苍蝇、蚊子，以及你曾经狩猎的动物都来干扰和报复。但是你不会再死了，因为你已经死了。她讲的内容非常有意思。

关于西藏文化变迁和各地的不同的文化现象就讲到这里，谢谢大家。

马丽华，《风化成典：西藏文史故事十五讲》作者。于 2009 年 12 月 22 日到国家图书馆举办讲座。此文根据讲座内容整理而成。

《风化成典：西藏文史故事十五讲》：马丽华著，中国藏学出版社 2009 年版。第五届"文津图书奖"获奖图书。

梁庄与中国

梁 鸿

我在梁庄生活了 20 年，我对我的家、故乡有特别深厚的情感。20 岁后我出去求学，一直到 30 多岁。这十几年求学，离故乡越来越远，虽然每年都回家一两次，但却没有有意识地去思考一些问题。直到 2008 年，当我带着问题回到故乡，我发现梁庄是一种非常复杂的状态，它不只是一个女孩子回娘家的那种变化，而是包含着我们这个时代一种特别大的变化。带着对生命的、个体的以及对这个社会的一种整体的思考，我把今天的题目定为《梁庄与中国》，也是希望和大家一起走进梁庄，看一看梁庄的生命、梁庄的存在以及梁庄整个样态。

我是大学老师，我利用 2008 年、2009 年的暑假和寒假，在那个地方住了前后 5 个月。我调查了梁庄的老人、妇女、儿童以及自然环境。当然也对梁庄的文化结构、伦理结构和道德进行了考查。其实最大的愿望就是想写一个村庄的故事、生命史，一种存在史和情感史，考查乡村对于中国的现代化发展究竟意味着什么。

在我们的很多日常话语里，乡村是一种被抛弃的事物。我们经常在说我们的故乡在沦陷，但怎么样就是一种沦陷？这个可能需要我们做调查。我回到梁庄后，当我在一个个人面前聊天说话时发现，那种内在的生命状态仍是我们不了解的。

梁庄的自然环境和地理的变化

我们家邻居一位老人是梁庄的老支书。他的房屋其实还是 20 世纪 80 年代前期的基本布置，一台小电视、一个镜框、一个茶壶，后面是泥塑的一个长条几。

46

在梁庄，这样的老屋是非常多的，这位老支书家就仍是一个前现代的存在。他心里依然停留在20世纪80年代以前的村庄模式，他跟我聊的都还是梁庄在发展之前的故事。

我在村庄里面走来走去，我发现梁庄是一种废墟与新生的并存。什么是废墟？哪种意义的废墟？而什么又是新生呢？我自己的老屋是一大片废墟。从我家一直往前，有三四十家的大片废墟，墙壁坍塌，有的只剩下屋架，有的只剩下一个锅灶，黑洞洞的锅口。这是一个大废墟的村庄，完全的空心村。现在这些人都到哪里去了呢？都到公路旁边了，在公路旁边盖了新房，依路而居。这种房屋已不是家族聚居，而是以家庭经济的好坏来占位盖房。比如说有钱有权的，会在公路旁边最好的位置盖房，占地面积也最大；稍微有一点钱的，稍微往后再靠一点，以经济实力来沿路盖房子。

这样一来，村庄内部的结构已完全是一种坍塌状态。在这样一种情况下，梁庄原来依族而居的村落文化模式在退变、消散、涣散，取而代之的是一种新的村庄模式。村落文化已经发生变化，原来那种家族的模式在越来越淡远。

同时，每一家也都在流散，每家的年轻人都不在家，是失去了主动性的那样一些老人，在家里带着孩子。所以，整个村庄里那种所谓的家族存在其实已非常淡漠了。梁庄是北方一个没有特别大经济利益的村庄，没有内部经济利益的纷争，所以家族的感觉越来越淡，越来越远，整个消散在城市里边。老人带着孩子在村庄里边属于一种平静的死水状态。

村庄还有一个坑塘。小时候梁庄有六个坑塘，村口两个，村中间两个，村后也有两个。那时是可以游泳的，我们还抓里面的泥鳅、螺壳炒着吃。当年我们村最大的坑塘是连成一片种了莲藕的，有清香的味道在里边的，而现在村庄里的坑，就剩黑色的淤流。

我的族人们怎么盖房子呢？是把村里的坑塘全部填掉，再搭地基盖房，房子盖得非常乱，同时坑塘越来越小，最后就成了一个臭水坑。新房越来越多，但村庄环境越来越差，弥漫着一种废墟上的、死亡的、黑色气息。

村庄后边有一条河，小时候全村人都可以去游泳。在20世纪80年代中期，因为上游一家造纸厂，整条河全部被污染，离得很远就能闻到非常大的味道。

这条河流最大的悲凉，在于它的整个河道被修改了。为什么被修改呢？一个原因就是挖沙机。每隔500米就有这样一个挖掘机，挖沙机在拼命挖沙。为什么要挖沙呢？因为我们要建新的建筑。为什么要建新的建筑呢？因为我们要发展，我们要发展我们的城市，所以我们要去不断地建新房。

这条河被不断地取沙，而取沙是往下取的，取到黄泥层，没有沙了就不再取了。这样一来，这条河下面都是一些小旋涡、大旋涡、深深的旋涡，孩子去游泳，进去就会死掉，被淹死。

我去采访县水利局的领导，他们说没有办法。为什么？因为很难在水底进行一个严格的测量，这里面有很多利益冲突，当然最大的原因还是我们要发展，要发展就必须得取沙取石子。

我沿着这条河上下走了20公里，全是这样——两边是非常繁忙的场景，挖沙机来来去去，把梁庄通往河边的路压得面目全非。

还有另外一个场景，就是砖厂，砖厂也是发展的一种标志，因为要发展、要盖房子，就要烧砖。

梁庄有300亩地，当年我父亲说是一块黑土地，是种麦子的麦田。而现在土地被挖得这么深，土壤也变得非常贫瘠了，没法再种植庄稼了。

从梁庄下去有河，现在水越来越少，河流变得越来越窄小。为了发展，梁庄周边的自然环境遭到破坏。河道被改，河流消失，很多小河干脆没有了，人们把它变成马路，或者变成地基。

在中国大地上有多少条河还是清澈的？这值得我们思考。

梁庄的人文状态变化

梁庄人的生活其实是很难叙说的。有一点是肯定的——梁庄人比以前富了，比以前有钱了。改革开放后，梁庄确实也有新房了，人们也能吃饱了，孩子也能上学了，再也不会为缺吃少穿而特别苦恼了。

但是只用经济来衡量这个村庄，我觉得是不够的。我们为这种经济的获得，付出了什么样的代价？这是需要我们思考的。

现在我经常听到一种声音，说农民都已经获得温饱了，还想干什么呢？在梁庄的时候，我就发现我也在不自觉地以这种态度来看待我的乡亲们。但反思后，我觉得他们除了吃饱穿暖，还应该有其他的所应该获得的东西才对。

所以在梁庄其实有很多的故事，我在《中国在梁庄》里面也写了很多故事。比如说我写了王家少年，这是我们梁庄轰动极大的一个案件，就是一位

18 岁的少年强奸了 82 岁的老太太。

这样的案件比较残忍，有点太独特了，它不构成普遍性。但是我们经常会在网上看到诸如此类的新闻，比方说哪个孩子把奶奶杀了，只为了要几块钱去上网。其实在农村，像这样孤独的孩子是非常普遍的。为什么呢？我们的农民出去打工后，孩子在哪里呢？很少一部分会跟着父母一块出去上学，大部分孩子都被留在家里，跟着爷爷奶奶一起生活，或者跟着叔叔婶婶等亲戚生活，到了初中之后就寄宿了。

就是这些孩子，他们有心理问题，可能有一些孩子爆发了，有一些孩子没有爆发。但是我们想想，就是这些成千上万的孩子，在一个家庭缺失、父母缺失、亲情缺失的状况下，他们的心理会是什么样子呢？他们对爱的体会，会是什么样子呢？他们怎么来承担爱？怎么来创造爱？这些都成问题。他以后怎么结婚？怎么样面对他人？怎么样工作？我觉得在以后的十年二十年里边，这样的问题肯定会越来越多地爆发出来。因为这批孩子长大了，成人后他们要独立面对社会，各种心理的小问题都慢慢积累变成了大问题。而现在这个问题依然没有解决，并且似乎还越来越严重。

我在想，这样一种乡村的存在，这样一种情感状态的存在，可能正是我们为了获得经济收入所付出的一种代价。一位农民工得到的那点钱跟他的付出是否成正比？这是需要我们思考的。他来城里边打工挣了一些钱，绝对不是很多的钱，但是他付出的代价有多大？我们有没有想过这样的问题？他付出了什么样的代价？他的家失散了，他的孩子离开了他，他的老婆可能也不在一块儿生活，而他也没有办法回到他自己盖的新房里面去住。

梁庄就有很多这样的新房，每一家新房都是空的，一把生锈的大锁锁着，家人几年不回家。但是他为什么还要在家里面盖新房呢？很多人说农民太愚昧、太落后了，他怎么在村里面盖房子呢？但是反过来说如果他不在村里面盖房子，他在哪里找他的依托点呢？城里面有他的依托点吗？没有。城里有他的归宿吗？没有。所以他只能在家里面盖个房子，让他那颗惶惶不安的心还有个安居地，让他比较有安全感。

我觉得不能用那种简单的、愚昧的或者麻木的词汇来形容乡村。因为今天的乡村可能也不仅仅是这样一种乡村存在了，它不是一个沉默的风景，在沉默下面有很多暗流存在。

让人回忆的还有小学。我们曾经在这里上学，后来由于撤点并校，我们学校被关闭了。这所小学意味着什么呢？它不仅仅是一所小学，它背后可能是一种凝聚力。在我们小时候，上学铃声一响，小孩子上学，大人出去干活；放学铃声一结束，大人回来，小孩也回家。所以梁庄小学被关之后，整个村庄从形散到神散，整个形状没有了，情感也没有了。而这些孩子呢，他们跟村庄之间的关系也变得非常淡漠了。他们到十来岁之后就寄宿了，爷爷奶奶都太老了，没办法抚养他们，所以他们都寄宿在镇中学、县中学，这又使得乡村教育越来越衰败。

其实一个村庄的存在不仅仅是我们所看到的一些物质的存在，它背后还包含着我们所谓的传统文化、传统道德、礼俗方式和文明形态，所以村庄它不仅仅是村庄，它还是本土文化的一种存在方式。

对于《中国在梁庄》这本讲梁庄故事的书，我的基本主题是一种废墟与新生的共存。废墟不只是房屋的废墟，也是我们精神状态的废墟，精神的荒芜，一种文化状态的荒芜，一种本土文化的流失，当然里面包含着个人精神生活的萎缩状态。我们经常讲城里人要有精神生活，我们要看电影，我们要喝咖啡，我们要散步。但是说到农村，我们谈精神好像就太奢侈了，好像不应该谈起。我倒恰恰觉得，他们有非常丰富的精神存在，农村人跟我们所有人都一样，也是人的存在，是一个个体的存在。

夫妻的分离、父子的分离、理想的破灭、留守儿童、留守老人、家庭的离散等等，这些他们生活中所面临的困境，对我们而言可能是陌生的。他们习惯了，我们也习惯了，我们城里人就假装看不见。我们是既得利益者，我们享受着城里面的高楼大厦、车水马龙，我们洗着热水澡，但在这背后都是一种无限的贪婪的吸纳。我们的路越宽，我们的城越大，农村的路就越破败，农村的生活就越来越颓败。我们的楼盖得越多，河沙就被挖得越多，树就被砍得越多，而这种无限扩张是以现代化之名进行的。所以今天我们要反思，我们的现代化到底是什么样的发展，它背后有一些什么样的东西。这里边肯定包含了一种本土文化的坍塌。

梁庄有这样一个习俗，大年初一大家都做一锅饭相互端。比如说平常我们两家吵架不好意思和解，就在这一天，你端饭到我家，我也给你回一碗，意味着我们两家就和解了。我不知道老祖宗为什么要创造这样的习俗，但最起码有团结的考虑。一家锅里的饭就是百家饭，你中有我，我中有你，这是一个互助式的存在。

盖房我们可能都经历过，一家盖房子全村人都上，砌砖的砌砖，盖墙的盖墙，架屋梁的架屋梁。然后换工，你们家盖新房我们家也去。但是发展到现在，即使亲兄弟间也是要算钱的。这固然好，非常清晰，但是原来那种互助式的就不好吗？我觉得这是需要我们思考的。原来那种一村人像一家人一样的生活，难道就一定是落后的、保守的、要消灭的吗？而那些恰恰是我们原有的一种文明的状态，是需要我们好好想一想的。

梁庄在外的打工者

《出梁庄记》主要写的是梁庄的进城农民群体，我想知道他们在城市怎么吃、怎么住、怎么爱、怎么流转、怎么想梁庄、怎么想他所在的城市，并进一步探讨乡村与城市的关系到底是什么。

考查梁庄的打工者在城市怎么生活，这个课题是非常辛苦的。我去年一年一直在外面跑，因为梁庄的打工者分布在全国各地，最远的跑到西藏，去开批发部；还有跑到新疆的，在一条孤零零的公路旁的一间小屋里，一对夫妇靠一堆机器生活；还有跑到内蒙古、山东和陕西的。我选取了一些地方，因为我觉得个人能力有限，我没有办法跑完所有的地方，所以我只能以我个人的能力来跑。下面我把了解到的一些情况分享给大家。

我 2011 年又回到村庄看见了花婶。她的丈夫死了，是 2010 年 8 月份死的。为什么要把她说一下呢？因为她丈夫是得抑郁症死的，我们没有想到农民也能得抑郁症，他到最后不吃不喝。他为什么会抑郁呢？因为他两个孩子被车撞死了，人家不愿意赔钱，这两口子非常纠结、非常痛苦。他的儿子没了，他的女儿没了，当时他女儿怀着孕，三条命就这么没了。这个事情对花婶丈夫的打击非常大，后来他就不吃不喝。有一段时间他的神经忽然失去了控制，不能动了。到最后死前的一个月，他又想活了，非常想活，他求妻子给他喂饭，但他已经吃不下去了，一吃就吐，吐了再吃，吃了再吐，最后就这么死掉了。花婶原来非常开朗，现在笑得非常空虚，她的丈夫死了，女儿死了，儿子也死了，就她一个人还活着，所以活得非常的伤心。

我第一本书里非常重要的人物，名字叫清立。他是一个精神分裂症患者，原来是刀不离身，直到有一天他发疯了，拿刀砍人。后来经过鉴定，他得了精神分裂症，于是就被释放了。此后他有一种极大的被迫害妄想情绪，所以就每天刀不离身。

我 2011 年春节回去时，他已经沦为乞丐了。他还在梁庄生活，非常安静，所有人都忽略了他。他远远地在人群后面跟着，没有人理他，没有人看到他的存在，我同样也忽略了他。我是在看我拍的照片的时候，无意间发现他就在远处，就在我的镜头里边。这样一种人的存在，梁庄对于他来说意味着什么呢？他是乞丐，没有人理他，但同时又安然地生活着，非常平和。

2011 年暑假，我到西安去采访我的一群堂哥们。他们在那儿蹬三轮车。蹬三轮车是中年农民到城里谋生的非常普遍的选择。因为他们没有技术，也没有知识，只能干最低级的活儿。我的二哥二嫂用这辆三轮车供了两个孩子上大学，这辆三轮车已经跟了他们 18 年了。

这对在大商场后面蹬三轮车的夫妇，他们非常开心，他们说着笑话，然后相互打闹着。但是这对三轮车夫妇怎么生活呢？他们跟我讲的是什么呢？讲的是打架，对方有不给钱的乘客，还有故意挤他们的公交车司机。

于是我们看到，在城市化迅速发展的现代中国，农民要进城，因为进城才能挣到钱。农村没有各种资源，农村已经不发展了。但是城市却在不断地驱逐农民。我的堂哥一开始住在城里边的城中村，后来城中村改造，高楼大厦盖起来了，他们只好又找新的地方，现在他们住的地方离西安城越来越远了。我去的时候他们在的城中村又要拆迁了，他们又要离开这个村庄，到一个新的地方去找住处。所以，西安跟他今天的存在有什么关系呢？这是特别值得我们思考的一个问题。

农民进城之后，我们怎么样，他们怎么样，各自以什么样的方式存在？这些所谓的城里人，这些所谓的政治制度，该给他们什么样的方式让他们存在？如果只是这样一种规则惩罚，那么他们到底能不能成为城里人？他们的精神状态会不会是城里人的精神状态？我们看到每一个城市周边都有大量的城中村，都有大量的棚户区。比如说我来到城里边了，我的老婆也来了，然后我老婆的弟弟也来了，然后老婆的弟弟的亲人也都来了，他们到哪里住呢？他们移居这个棚户区，私搭乱建又形成了一个小梁庄，在这个小梁庄里边他们又打架又吵架，相互产生爱恨情仇，但是在那个地方他们存在着，他们意识着，他们生活着。城里面跟他们又有什么关系呢？那个城跟他们没有任何关系，他们就像原子一样飘在城市的各个角落里，阴暗的角落里，在建筑工地里边，在保安房里边，在垃圾堆旁边，在浇花的树下，没有人理他们。他们没有生存感，没有存在感，只有在棚户区里面，他们才能感觉原来我还活着呢，原来我是谁的大舅，谁比较尊重我，谁看不起我，我要骂他。于是，他们在城市里继续以一个小的熟人社会的模式生活着。

这些农民来到城里面之后，他们以什么样的方式存在呢？农民在城市里面没有单位，没有组织，没有福利，没有各种所谓的联欢会，他们没有办法找到身份感。这个身份感特别重要，千万不要以为农民就没有身份感。我通过广泛的调查发现，其实他们最苦恼的就是没有身份感。

我们说下虎子，他是韩姓的人，不是梁姓的。他是卖菜的，在西安住了23年，也挣了不少钱，可能上百万块钱吧。我说你在西安住了23年，在西安住的时间比在梁庄的时间还要长，那你怎么不想在西安买一套房呢？他就反问，我一个卖菜的在西安什么地方买房？我在工业房里面拉着卖菜车，我的菜往哪儿放？谁看得起我？

我说西安有一段时间不也办户口吗？他说办了户口有什么用？谁要你了？后来我说那你到底将来住不住西安？他说，我不住，人家不要咱，咱也不要他，打死我也不住西安。

这样一群人他们在城里面生活。我堂哥他们一生病就要回梁庄，农民哪怕治感冒、割痔疮、打点滴都要回他们的村庄，回他们的县城去治病。这是个普遍现状，绝不是梁庄才有的。我去的时候我堂哥刚从梁庄回来，为什么呢？他得了糖尿病，他一得病特别伤心，天天吃不下去饭，我堂嫂说那你回梁庄住住吧，堂哥一听，病好了一半，马上要回家了。因为在西安住院至少花一万块钱，回去花了七百多块钱治好了。但是他也花了几千块钱，因为他回娘家要吃，要请客，要打牌，要玩儿。我说你在西安看病可能也花几千块钱，你回梁庄也花几千块钱，为什么非要回去呢？干吗不在这治呢？这边毕竟条件好。他说我干吗要在这个地方治呢？我回家吃了、喝了、玩儿了，我多开心啊，我心里还高兴啊，回家我这病立刻好了一半。

虎子的腿是在卖菜的时候从三轮车上摔下来摔断的。他到西安华山医院，需要交一万块钱押金，住院动手术，他一听立刻跑了。他跑到穰县一个专门对骨的地方花了150块钱，在梁庄住了20多天，花了有六七千块钱，然后高高兴兴地回西安了。他们这种思维是，我一定要回去治病，因为在西安没有熟人。他们找不到任何一个熟人，他们觉得西安的医院在骗他们，回去要便宜，他可以找关系，找各种关系会稍微便宜一点。所以在西安这个社会里面，在这样一个生存样态里面，没有他们这样一张关系网，没有他们存在的一个空间，他们骨子里面更信任穰县梁庄。这又是为什么？这里边包含着很多制度的问题，没有人容纳他们，没有人把他们作为当地的一分子来制定关于他们的各种政策、各种保险。

我在西安采访过一个年轻人。他是那一群三轮车夫里面唯一的一个年轻人，只有18岁。我去采访他的时候，他一直不愿意正面面对我，我在那儿住了八天，我每天到他们拉车的地方去，他一看到我就远远躲开，坚决地留给我一个背影。他父亲是一个嘻嘻哈哈的人，说妹子给我照张相，然后就摆各种姿势，拉车的姿势、弯腰的姿势等等。他一看他父亲这样，非常愤怒，脸一下就红了，他觉得非常羞耻，就远远地躲开了。因为他一直拒绝我，我也就赶紧把我的相机收起来，主动避开他，我不愿意让他觉得我是在骚扰他。

但是我心里面一直非常难过，一个18岁的年轻人为什么这样拒绝我？他看见我就好像看见某种伤痛一样。为什么呢？后来我想，因为我的存在就是他的伤痛。我那样光鲜的形象，他永远不可得，所以他很伤心，他在掩藏这种伤心。他愤怒，因为他不能获得这样的生活。这个孩子的这种拒绝、愤怒、羞耻给了我一个特别大的启发，那就是这个孩子认为他所从事的职业是羞耻的，他在以一种羞耻的心态来看待他的生活。农民在城里面以一种羞耻的状态获得生活，就像小偷一样，活得非常不光彩。没有人给他尊严，没有人给他平等的待遇。这个平等还不光指钱，指的是一种内心精神的存在。

到最后一天，我特别想跟他交流，于是就请我的堂哥、男孩的父亲以及男孩儿一起吃饭。在吃饭的过程中，他根本不看我。他接了一通电话，说话非常利索，电话那边出了什么事向他汇报，他是一个小头目，他们经常揣着刀子在街上乱逛。我说你也要好好的，明年我再来看你，他嘴角泛起微笑，说你再见我，我就在监狱里边了。他看我的那个眼神我永远不能理解，我永远也进不了他心里去。这样一个18岁的孩子他在想什么我永远不知道，他怎么看待这个世界我也不知道。但他的创痛感我是可以感知到的，为什么这样一个孩子有这么大的创伤感、愤怒感，这是需要我们去思考的问题。

我们的媒体经常会选用风尘满面的农民的形象用以报道。那都是非正常的存在。媒体把农民符号化，把苦难符号化，以至于我们所有人都用一种符号化的眼光来看待他们在城市的生存，没有人去关注这样一个孩子内心的、细小的、情感的变化。那样一种日常的羞耻感最能影响他的心灵，最能够影响他对世界的看法。这种观赏性的、符号性的报道，也是歧视农民的一种外化，农民不得不"开胸"。2008 年、2009 年的时候，郑州一个矿工因为得了矽肺，反复告状不行，最后只好到医院开胸验肺，以证明他的确得了矽肺。而矽肺这个证明是很容易做的，根本不需要去开胸。但是他为什么一定要开胸呢？因为他必须要把自己身体撕毁掉才能够获得社会的重视。身体是最私密的、最自我的存在，他必须得伤害自我才能获得他的存在。

农民在这样一个城市里是怎样被"挤扁"，成为一个符号化的平面式的人物了呢？我们也是推动者。当我们在公共汽车上看到农民工时，身体会不自觉一闪，我们觉得他们太脏了。为什么呢？因为双方差距太大了。为什么双方差距太大了？因为他们是农民工，我们是城里人，城里人跟农民就是这么大的差距，在我们的中国就是如此。城市与农民的关系是互相利用、互相漠视，你不要我，我也不要你。城市与乡村的关系是城市的规则、规划在排斥一切与乡村本土相关的东西。

我看到另一个地方的一个报道，说这个城市里 75% 的居民已经拥有了小轿车，要保证出行通畅，就必须要清除三轮车夫。因为有些三轮车夫是黑社会，动不动就跟警察对抗，动不动就要挟警察等等，这种类似的报道非常多。难道随着我们的城市越来越大，越来越现代化，那种卑微的、混沌的，但是又有温度的生活方式就必须要退出历史舞台吗？

书里有个章节叫"盛世的窄门"。农民进城打工之后，他们到城里寻找新生活，但是我堂哥却做了一名算命者，做了一个最传统的工作。一个现代青年到现代都市里面寻求现代梦，但却做回了最古老的职业，这个事情非常匪夷所思。他算命算得非常成功，还有一些当官的去找他。虽然小有名气，但是他的生活过得不是很好，不过他的神情特别开朗。原来的占卜、奇门遁甲、麻衣神相都被当作糟粕抛弃了。现在的农村没有土地庙，也没有祖师爷，我们的神没有了。所以现在的农村是没有信仰的，这是非常大的问题，农村人的精神是非常混乱的。

我想探讨的是传统在现代的生存空间的问题。我这个堂哥有点神神道道的，他也看测字、算命，但他说他其实是在做一名心理老师的工作。他接受了现代心理的东西，他说我是在给别人疏解，我需要跟人聊天，让人高兴。

他正屋的一边贴满了他儿子的奖状，他儿子学习特别好。穰县有一个习惯，只要哪家孩子得了奖状，必然贴在正屋。农村很多地方都是这样，把奖状贴在正屋，是一种鼓励。

他床头挂着太极八卦图。阴阳平衡之谓道，祛病消灾真奇妙，也是表现了传统在现实中的一种混杂状态，有某种内在的光明，但是也被许多实际行动所无名化。如何能够自持，如何能够在历史的洪流中真正理解传统并重新获得价值和尊严，这是需要我们现代人去思考的东西。传统并不是一个不好的东西，需要用思辨的态度去重新看待它。我们现在缺乏这种思辨的态度和精神，总是一刀切，这是有问题的。

再说传销。我在南阳采访过梁庄的传销者。农村的传销，是一个看不见的东西，大家都来买，从按摩器到西服。大家从来没有见过西服在哪里，但是大家都去买，还忽悠各种亲戚去买。我在南阳采访一个叫小海的年轻人，他曾经有一段时间发了大财，把所有的亲戚朋友全部喊去，做到最上级，挣了几百万。后来那个传销塌了，他逃跑了，过几年他又回来了。

有很多农民都非常积极地飞蛾扑火似地去做这个事情，农民很傻吗？农民不傻，农民很聪明的。但是为什么他信这个东西呢？我采访过好几个人，特别独特。有一个在内蒙古的老乡，他在挣钱挣到40万的时候，他哥哥把他叫去做传销。他怀揣40万到了云南一个地方，每天住宾馆，穿西服，吃自助餐，呼朋唤友，吃了半年之后，吃了几千块钱了，还没有下线。那么怎么办？最后他回到内蒙古去了，又从头开始。我就问他，你信传销这个事情吗？他说我信，这是个事，是可以做的，只不过我没有能力。他个人非常疲倦，说话声音极其慢，是一个受了重创之后活力没有恢复过来的状态。但是他非常信这个事，为什么？因为可以发财。所以在这样一个发财世界里面，在这样一个金钱梦的世界里面，只有发财，只有挣到钱才是最大的尊严。

原来我们说安贫乐道。一个人虽然穷，但是只要你有尊严，你非常厚道，你非常宽容，你同样可以获得尊严。但是现在不同了，在有些人眼里，没有钱像小偷一样非常羞耻，农民也一样的。

他作为普通民众，认为通过传销可以获得一种金钱、权力和尊重。传销给他提供了一个很有诱惑性的通道。所以我们可以想象一下，那个老乡穿着西服，打着领带，吃着自助餐，是多么荣耀的事情。他被这个事情所吸引，所诱惑，由于那是某种尊严的象征，虽然是虚假的，但是他依然希望获得。所以传销在中国的生机勃勃，正是显示出了我们精神的发育不全，过于丰盈的肢体和不断萎缩的内心。

我们再看看内蒙古的校油泵的群体。他们是"吃风喝灰"的群体。校油泵只能在重工业区的高速公路旁边,那里的卡车多,有油泵需要经常校对,通过校对,卡车才能运上劲,才能好好地行驶。这是工业发展的结果,工业的城市越来越多,所以这个群体就发财了。梁庄很多人靠这个发了财,一年能挣二三十万,相对有钱,过得不错的人在村里面都盖了房子,回家都开了小轿车。

但是这群人的生活是什么样子的?他们是一群工业城市路边的小手工业者,他们进入内蒙古了吗?他们从来没有进入过内蒙古,他们的心从来没有跟内蒙古发生关系,跟呼和浩特也没有关系,他们只在公路旁边那一块儿生存。他们天天跟油污打交道。我有一个表亲,他是一个大专生,交通专科学校毕业的,会维修车。他一开始在工厂里面打工,一个月挣 800 块钱,后来挣 1200块,连老婆都娶不来。没有办法,他只好借几万块钱自己出去开小店。我去的时候他生意还不错,几个月挣了两万多块钱。不过现在那个地方快倒闭了。为什么?因为现在内蒙古不让挖煤了,所以大车也少了,他们的生意也萎缩了。

农民并没有融入新的生产之中,虽然工业在不断地膨胀,他们不是工人,也没有工人的感觉。他们在工业的基地讨生活,但是又与工业没有任何关系,还是个小手工业者,艰难生存,甚至连一个分店都没法开,因为它是一个农业的方式。开一个分店让一个亲戚去,亲戚往往会贪污,经常赚到钱就说没赚钱,所以往往开不下去,没办法朝一个现代的企业发展。他们以家庭为单位,单打独斗很难获得一种更大的生存模式和生存空间,所以仍然保持着农业时代的缓慢和小规模。

我的亲哥在北京,他的一个小屋,非常非常小,只有 5 平方米。我一进去,我说哥你干吗不买个电视呢,你不能把自己打扮成这个样子。他说我每天晚上 9 点回来,洗洗就睡了,我还看什么电视啊。这就是他们在北京的生活状况,每天跑很远的路到城里面哪个地方装修,然后披星戴月地回去。但是他在梁庄的家有 5 亩地,有一套上下小三层的房子。他在家里面种了梨树、桃树,把家里面搞得特别整齐,他一年最多回家一个半月。这还算是回家比较多的。

我有一个亲堂弟,长得特别帅。他喝醉酒了就给他爷爷打电话,说爷爷我想你,我最想你了。他说我最看不起城里面,因为他在这边打工,没有任何三险,他永远当不上工头,只有本地人才能当工头。

我们村还有一个北京的保安,我们梁庄的保安人员。原来 20 世纪 90 年代中期,北京曾经出台过一个保安条例,他以为可以把保安转成正式工,所以他特别努力，然后当了北京市的百名保安员。但是最后，他发现没有工会、没有团委、没有任何组织可以吸纳他，所以他就变得很颓废。后来他自己办了一个小保安公司，现在过得还不错。但他跟我讲，真的是没有任何出路的。

我有一个堂弟叫小柱，他跟我同岁，我们小时候经常在一块玩，特别亲。他16岁出去打工，我15岁开始上学，上师范，之后我们就越来越远。有一年我回家，他在家里治病，快死了，当时我不知道为什么没去看他，我对他非常愧疚。我在想，小柱16岁出来之后，他到底在什么样的状况下生活。因为最后他完全是中毒而死的。他是在青岛的电镀厂工作，是重金属的电镀厂。氢化物是电镀厂的必要原料，属于剧毒物质。

我另外一个堂叔，我叫他光亮叔，也是在青岛的电镀厂工作。他和他的妻子，我叫她丽婶，带着3岁的小儿子小涛涛在那里，他的大儿子11年前在老家淹死了。小涛涛是唯一一个留在那个地方、跟他父母待在一块儿的孩子。

我到那个电镀厂去看，特别吃惊，甚至是难以置信。电镀厂里面蒸气弥漫，蒸气是毒气，但是没有一个人戴口罩。厂里非常简陋，就是一个大房屋。工人们一排一排地进行一道一道工序，每个人像幽灵一样，现代化的幽灵在那里生活。他们的面部表情都是呆滞的。我堂叔一家在这个厂里面已经待了13年，他们原来是在青岛郊区。青岛郊区的民众不愿意，便赶走了这些厂。后来刚好万家窝子愿意接纳这些厂子，因为当地要发展经济，这一群厂子又整体移到了这个地方。万家窝子又倒霉了，他们在那待了3年，周边几乎是寸草不生，农民没有发财，村支书发财了，所以得益的往往不是农民。

光亮叔说，人家是想咱的命的，咱是想要人家的钱。什么意思？就是拿命换钱。我说你为什么不戴口罩？他说你没有干过活你不知道，因为重金属的蒸气特别重，戴上上不来气，新工人还戴，因为他知道危险，老工人就不戴，因为时间长了。光亮叔很幽默地说，早晚都有一死，戴它干吗？

他们的儿子小涛涛是2000∶1中的1。这是什么意思？在那个大厂区里面有2000对农民工夫妇，但是只有一对夫妇的孩子留在这个地方。因为这对夫妇的大儿子死了，他们不能再接受小儿子再有什么闪失。所以光亮叔去找老板，他要赖、哭闹，总之成功了。后来其他老乡也如法炮制，但是没有一个人成功。为什么？因为工厂老板没有责任管这群工人的家庭生活，谁管你呢？你必须早上7点上班，晚上7点下班，否则的话挣不到三千块钱。

小涛涛是他的小儿子，一个人替两个人在活，一个人在替这2000对夫妇的孩子在活。1999 对夫妇每一对夫妇至少有一个孩子，或者有两个孩子，也就是说有三四千个孩子没有跟父母在一块儿生活。小涛涛非常孤独，没有人跟他玩。老房区是租给打工者的，新房区是村民住的，那些孩子从来不来这边，就好像隔离区一样，所以小涛涛一放学就变成一个人了。

我的一个舅舅，他瘫痪了，他的儿子上班养活他，在晚上的时候他们就唱赞美诗。他们不会唱，没有人教他们，所以他们用豫剧来唱，唱得很苦情。我给他们拍谱子一块儿唱，他们特别开心。即使这样辛苦，即使这样底层，但他们依然想找点精神的安慰，他们想获取某种温暖，某种慰藉。所以不要小看那些菜市场卖菜的，穿着脏衣服的农民，不要小看他们的表情。在他们麻木表情的背后，是一颗温暖滚烫的心。我希望我们城里人能够那样看待他们。

这是我摘抄的一首诗：这是村落里最后的房屋，像世上最后一个房屋一样寂寞，分崩离析的村庄的人们流浪很久了，许多人说不定死在半路上。

城市与进城的农民是什么关系？我们的农村城市化，我们的农民市民化，到底应该怎么样发展？这是需要我们思考的。光明是存在的，但是我们一定不要忽略光明背后的暗处。对于那些跟我们至亲的、血肉相连的人，希望我们不要冷漠待之。作为身在都市的一群人，我们该做些什么？首先，我们要弘扬我们的家，来看看我们的家跟城市的关系，我们家里的那群人，他们是怎么样活着的。只有回望我们的故乡，我们的家，我们的过去，才能够真正面对我们的现在和未来。

梁鸿，《中国在梁庄》作者。于 2012 年 9 月 23 日到国家图书馆举办讲座。此文根据讲座内容整理而成。

《中国在梁庄》：梁鸿著，江苏人民出版社 2011 年版。第七届"文津图书奖"获奖图书。

把自己放归大自然

——博物学式的生存

刘华杰

  很高兴在国家图书馆跟大家一起来讨论博物话题，我把题目定为《把自己放归大自然》。人类本来直接生活在大自然当中，现在常常生活在城市、生活在钢筋水泥的小环境中，容易忘却人类一路走来的历史和当下生存的大背景。

  讲座的缘起是我在北京大学出版社出的书《天涯芳草》获得了国家图书馆的"文津图书奖"，此后还得了台湾吴大猷科普佳作奖。均出乎我的意料。

  我为什么写花花草草？这跟我生长的经历有关系。小时候我是在东北长白山的山里长大的，我们家周围没有第二户人家。到学校念书要走十几里的山路，翻一次山过数次河。那条河S型，早晨我要从上向下穿过晚上再从下向上穿过，就像美元＄中间那条线，一日两次。平时水正常流动时，蹚河很容易，但是赶上春季凌汛或发大水时，就不容易过，很危险。小时候，一年当中，经常爬树、采山菜、挖药材、摘野果、割柴等，可以说几乎天天直接接触大自然。

  我们家一点一点往接近城里的地方搬：由山里的一户人家到镇里再到区里。到了高中，就跟普通人差不多了。高二暑假参加过全国地学夏令营，第二年高考就报了北京大学地质学系。读大学、硕士研究生、博士研究生，再到分配工作。一路下来，基本上把整个大自然忘掉了。感觉没时间来关心外部的自然，整天读书、学习。当我博士毕业了，回到母校教书，才有空闲，把小时候的爱好捡起来。小时候就喜欢周围的植物，就能认识一些，叫的是土名、俗名、地方名，就是并不知道拉丁学名。但那些经验积累很重要，很容易"翻译"为学名。

记得读小学时，周末的一天，一个草药队来山里头采药，落脚我们家里。听说是找大叶柴胡，还拿了样本。我得知后，顺口说这个东西在附近的山上就有，并不稀罕。大人中没一个相信我。过了不到半个小时，我抱回了一大抱，没有挖它的根，只是拔了上面的秧苗。采药队员很诧异，但确认我采的就是大叶柴胡。这并不说明我水平有多高，只表明小孩子熟悉周围的环境，虽然不知道一些草木的名字，却记得它们的模样，在野地里能够准确辨识它们。

我相信很多人、很多孩子有这个能力，绝对不是因为我聪明。小孩子在野地玩久了，周围有什么东西自然会熟悉起来的，虽然叫不上学名。我们家还有一本红塑料皮的图书《赤脚医生手册》，吉林人民出版社出版。这本书有许多手绘的植物黑白线条图，标有中草药的名字，讲了用途。对照着这本书，我在小学时就能准确认出山上的常见药材，党参、细辛、龙胆草之类也挖出些来卖给供销社。

现在，我在北大哲学系教科学哲学、科学传播学、科学社会学、科学史、博物学导论等。就科学传播而论，究竟应当传播些什么东西？传播宇宙大爆炸理论，传播基因工程？没问题，可以传播。传播板块构造、非线性动力学、夸克理论，也可以。但是对于普通百姓来说，他们更关心的是什么呢？是生活世界的东西，日常生活接触到的，比如灾害防治、食品安全、环境问题、常见植物辨识等等，这些内容更需要传播，我们的科学传播对此关注不够。当我这样想的时候，小时候接触到的博物学就又回来了。博物与哲学、科技史相结合，一下子生发出许多有趣的内容，不是简单的算术加和。在高科技的时代，我们普通百姓应当如何应对"现代性"对个体的牵引、绑架，如何学会生存？

人类整体不可能生存于实验室、钢筋水泥中，其实最终我们还是依托在大自然之上。生物圈2号实验室的失败也表明，人工环境有相当的局限性。

传统的科学哲学、科学传播不大重视生活世界，讨论很多的科学理论及其更迭，以及抽象的推理。现在有些人注意到哲学中现象学对生活世界的强调。现象学与科学传播、新型科学编史理念相结合，将诞生很多新观点，给人诸多启发。这是我用大量时间关注花花草草背后的一些理念。看花与做哲学，并不像普通人想象的那么远。也可以说得有趣一点：看花就是做哲学。

博物学的英文是 natural history，直译似乎是自然历史，其实那样译是错的，其中 history 是探究、记录的意思，跟时间演化之历史无关。博物学非常古老，后来有一部分与近代科学汇合。现在北大的科学传播中心倡导新型科学传播理念，其中就包括大力提倡博物类科学优先传播。为何要优先？因为它涉及百姓日常生活的方方面面，普通公众也可以直接参与。此过程中人们也可以用自己的方式更好地感知、认识大自然，欣赏、赞美自然之美与精致。

我们来看一幅照片，这种植物叫美洲马兜铃。我们国家不产，但是有同属的其他多种马兜铃，比如北京就有北马兜铃。

图1　美洲马兜铃

这种植物好不好看呢？如果你仔细观察，真的很好看，它有非常独特的结构。它外面有个很大的花盘，起什么作用呢？吸引昆虫前来传粉。这样解释有点"目的论"的嫌疑，近代科学似乎摒弃了目的论。但目的性是演化的一种结果，其实我们不必完全排斥目的性及一定意义上的目的论。花有一种本事，"有意识地"吸引昆虫为它传粉。昆虫落到这个花盘上以后，盘中央有一个孔洞，它会进一步吸引昆虫沿着孔洞爬进去。孔洞什么样呢？放大看，里面生长了密密麻麻的小的倒刺儿，那些小昆虫只要走到那些倒刺上，身体稍微一动，倒刺就会把虫子往里卷，迫使昆虫单方向地进入那个孔洞。沿着圆号状的管道前进，到了尽头就遇上了雌蕊所在地，最终为花授粉，因为此前这只昆虫可能访问过别的花朵，身上携带了其他花的花粉。受精后马兜铃就会结出种子。

实际过程还是挺复杂的。虫子进到管道后当时是爬不出来的，因为那个倒刺儿不允许它爬出来。过了一段时间，等传完粉，这朵花开始凋谢，那些倒刺儿变软，被囚禁的虫子才可以出来。试想一下，植物长出这样一种结构，不是一天两天，三年五年能够办到的。需要漫长的时间来一点一点演化，虽然现在一株个体可以在几周时间内长出花苞并开放。植物演化中会有小的变异，有些变异会遗传下来。经过数百万年的演化、选择，马兜铃属植物的花才具有了我们看到的精致结构。

这样一种进化，是有"智慧"体现于其中的，人们对此需要理解、尊重。人没有权力随便改变生命的演化。现在有高科技，但高科技以及一般的近现代科技才有多少年？也就三百来年，高科技还不足一百年。跟生命演化的尺度相比，太小儿科了。

我们再看姜虹拍的一张照片，它叫兰花螳螂。螳螂的腿像兰花的花瓣一样。它为什么长成这模样，为了啥？它是想把自己模拟成植物，这样对自己的生存更好一点儿，比较安全。这只讲了一个方面，另一方面螳螂可"不是吃素的"主儿。它扮成花的模样是为了吸引别的小动物（通常是昆虫）前来，进而把它们当食物吃了。此螳螂好不好看？确实很好看，很漂亮。这样一种结构我们想不想去了解？它能够遗传吗？当然了，可以遗传，生出的小螳螂也是这样的。

图2　兰花螳螂（姜虹摄影）

北京郊区延庆有这样一种蜘蛛。今年开学初，我带着学生到野外考察，看到这种花岗园蛛。蜘蛛的分类很麻烦，可用的参考资料不够丰富。蜘蛛的背是不是很漂亮？为什么会长出这样的花纹？首都北京周边蜘蛛很多，好像还没有专门的图书讲述。如果你喜欢，你可以长期观察、收集，有可能成为蜘蛛专家。现在的知识储备可能不够，没关系，不要怕。有兴趣才是关键，兴趣可以驱动你成为专家。而一般人没有这个兴趣，这是最大的问题。我们现在做科学传播，强调诱发人们的兴趣，有了兴趣，自己就会成为发动机，其实教师教不了太多，也不必事事都教。

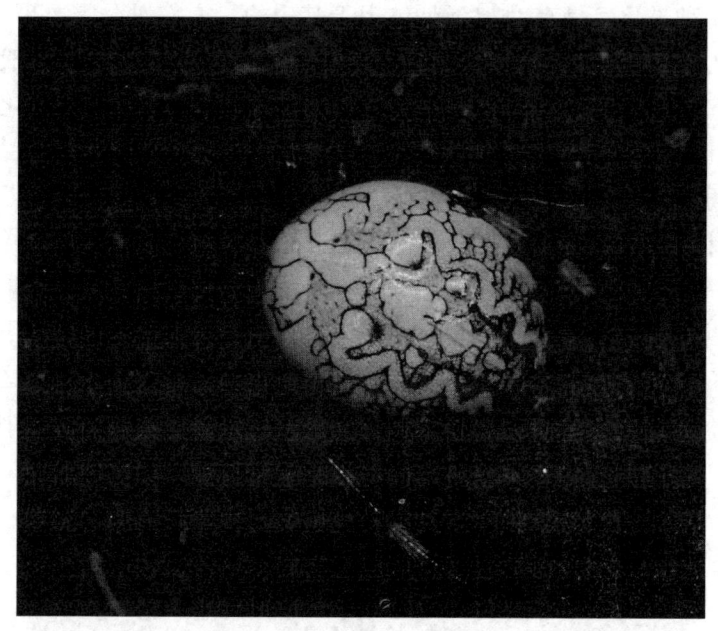

图3　北京延庆的花岗园蛛

一方面要在社会上多做博物类科学传播，鼓励开展各种博物实践；另一方面要在基础教育中恢复博物教育。

中华人民共和国成立前，我国的基础教育还非常重视博物类课程，有许多老式教科书为证。在北京潘家园的地摊上，还能买到以前的博物类教科书。中华人民共和国成立以后，博物类的课程在各级各类教育中几乎全部消失。主要原因是学科不断分化、细化，新中国建设亟须实用人才，博物显得肤浅而无用。即使知道有长远用途，但那时也顾不上。新型的生物类、地学类教科书可以让受教育者快速充电，短时间内学到前沿知识和技术。高效、实用是现代教育的好处、长处，但也隐藏着弊端。发展到现在，中国能够"批量生产"各类人才，相比而言，反面缺少博物通才和个性人才。就公民个人素养而论，博物情怀普遍缺乏，绝大多数人饱受分科教育之害。有识之士已经意识到这种局面需要改变。最近情况确实在发生变化，北京大学附中已经连续五年开设了博物选修课，涉及动物、植物、地质、天文、生态多个方面，特别是重视野外实习和探究。前几天得知，清华大学附中请我去讲圆明园的植物。圆明园离清华附中那么近，地方大，植物也多，学生去圆明园瞧植物真是太好了。一些民办教学、培训机构，更是及早地捕捉到了复兴博物学的信息，他们更敏感，也比官方机构更灵活。博物与夏令营、游学、旅行结合，是顺理成章的事情，相信不久就会发展起来。现在的问题是，许多学校想开展博物教育，缺乏相应的教师和教材。不过，我并不主张建立关于博物学的学科，更反对通过原来的那种考试来检查学习效果。应试教育已经严重妨碍人才的培养，博物教育不能再走应试教育的老路。

在户外活动、境外旅行、自然教育非常发达的今日，长见识、学知识容易被人们理解，但是只注重这些还不够。接触博物学文化另一条重要途径是了解博物先贤的所做所思。历史上哪些人关心过博物学，都做了什么？科学史、环境史教材本应当把这些事情讲清楚，实际上一带而过，基本没讲。科学通史自然会提到像林奈、赖尔、达尔文、威尔逊等博物学家，但远远不够，而且基本上是把他们当成一般科学家来讲述的，视角本身就有缺陷。对于古老的博物学文化传统，现在科学史、文明史著作基本不讲或者讲得很不够。

在近代，博物学在西方曾经是绅士所从事的重要且体面的一项事业。绅士的职业并不算多。当牧师和医生算。当博物学家，也算在内，只是花钱比赚钱多。它在乎的不是简单的谋生，而是实现自我、赞美大自然。达尔文的爷爷既是医生又是博物学家。像布丰、班克斯、洪堡、歌德、达尔文这些做博物学的，都不缺钱。穷的也有，但不多。达尔文当初家里希望他读神学，将来当牧师，达尔文却不喜欢。转而他学医，达尔文说解剖尸体他不喜欢。他最喜欢的是什么？捉捉小虫子，观察植物、动物等。最终上了贝格尔号军舰环球考察，五年后返回，成了一流的博物学家、科学家。

西方发达国家有博物这样的文化传统，特别是在英国，博物学一直享有很高的地位，传习者众多，在维多利亚时代达到顶峰。没有那样的氛围，也不大可能产生达尔文的进化论。如今到了英国，在海德公园、邱园、大学校园、书店，人们仍然会感受到浓浓的博物气氛。书店里关于博物类的图书通常会占满一个大书架，有时还不止一架。这些书种类多，印刷精美，非常便宜。为什么？购买量大，价格就低了。哲学、科学著作，读者相对少，书价就很高。

其实，历史上的博物学家有很多种类型，有好的也有坏的，并非所有博物学家都值得学习。但我们最好每类都知道一点。对于自己喜欢的，可以再细致了解。

第一种类型是"亚当分类型"。分类是博物学的基本功。分类没有太多的捷径可走，要慢慢修炼才行。这个类型的学人很多，最主要的是林奈、拉马克、德勘多、胡克等。

第二种类型是"百科全书型"。早在古罗马时，老普林尼就编写了《博物志》百科全书，数十卷（目前无任何一卷译成中文）。几乎无所不包，什么东西都往里收，文献已记载的，自己仔细观察得到的和道听途说的，他都收录。这样的博物百科有重要的史料价值。反过来，如果当初他太讲究去伪存真、去粗取精的话，他的作品反而会缺失许多重要内容！他收集的乱七八糟的、怪力乱神也非常有历史研究价值，全面反映古罗马人的知识、精神风貌。其后，格斯纳和布丰及一些大型志书的编撰者，都属于这种类型。

第三种类型是"采集型"。这种容易理解，此类型包括很多人，华莱士、福琼、洛克等都是。到世界各地的天涯海角采集一些珍稀动植物标本，对于博物学发展至关重要，这个与地理大发现、帝国扩张、全球化有直接联系。这一过程中有做得好的也有做得坏的。说做得坏，并不是说这些人不努力，他们都很努力。坏是有的人没有讲基本的伦理道德，猎奇、掠夺、占有的成分比较多，甚至做得相当过分。如果说博物学在历史上有什么问题，这大概要算一项，但对这个事情也要辩证地理解。现在采集标本，要约束自己，要事先征得同意，不能乱采。

第四种类型是"综合考察型"。也有一些大人物，比如说洪堡、魏格纳，与中国有关系的斯文·赫定等。美国的刘易斯和克拉克，对美国西部的考察当然也算。刘易斯、克拉克的考察得到了美国总统托马斯·杰斐逊的大力支持，实际上恰好是他提议、策划的。杰斐逊本人也是标准的博物学家。华莱士跟达尔文一起创立了自然选择进化论。古道尔是研究黑猩猩的一个女学者。

第五种类型是"传道授业型"。包括亚里士多德、塞奥弗拉斯特、林奈、林德利、威尔逊等。亚里士多德本人对动物有非常专业的研究，留下了《动物志》这样的名著。看一下《亚里士多德全集》，中译本有十卷，其中有将近一半的篇幅讨论的是博物学。可是相当长时间里，学者忽视了这一点。亚里士多德是逻辑学家、哲学家、修辞学家或者科学家，这都有道理，但他的确是一名博物学家。今日我们重视博物学，必须重新研究亚里士多德和"逍遥学派"。

第六种类型是"世界综合型"。包括达尔文、德日进、威尔逊等。

显然，有些人物身份重叠。有人既做探险又创造理论，如赖尔、达尔文、华莱士、克鲁泡特金、魏格纳等。克鲁泡特金是俄罗斯的一个王子，写过一本书叫《互助论》。共生、互助的思想，非常重要，人类社会想持久生存，就得重视这类思想。

博物学者中有一部分也做解剖实验研究。比如圣提雷尔、居维叶。这样，就与生理研究、还原论研究、实验研究近乎平滑地联系起来了。界线是人划出的，其实是有重叠的。

上述的类型划分并不完备，其实有许多不同的划分办法。比如也可以简单地二分：帝国型和阿卡迪亚型。这是受环境史专家沃斯特教授的作品启发给出的划分。我本人愿意单独列出一类，暂时称作"人文型"吧。这一类型的人物非常重要。人文型的意思是，他们首先是博物学家，但是留下了非常精美的文学作品，他们的思想影响了许多人也必将影响更多人。老普林尼算一个。英国博物学之父约翰·雷自然也算。雷留下了名著《造物中展现的神的智慧》，它是自然神学作品，也是博物学作品，其实两者在西方长期是交织在一起的。此类型中最有名也最值得推崇的是吉尔伯特·怀特。他留下一本书《塞耳彭博物志》，中译本曾译作《塞耳彭自然史》，不准确。怀特所做的博物学，普通百姓也能做，效果非常好。怀特式博物学有助于人们了解家乡、热爱家乡。美国的缪尔也属于这个类型，他是《国家公园》的作者，他曾劝说罗斯福总统把美国的一些野地作为国家公园保护起来。缪尔做得很成功，他的文笔也非常漂亮。对了，还有梭罗！《瓦尔登湖》的作者，人们多知道他是文学家、爱默生的弟子，其实他是地道的博物学家。自然文学家大多属于此类型，有兴趣的读者可以读程虹教授的《寻归荒野》，也可以直接读斯奈德、狄勒德的作品。

人文型博物学家对大自然有非常真切和长时间的仔细观察。他们把自己的观察写出来，跟自己的心情和哲学的想法结合起来，给人以启发。这些书阅读起来并不困难，但需要有相应的心情来配合。静下心来慢慢读，才能读懂。其实也不必非读许多不可，有的人读一部或读几页，就能有所悟，就会去行动！而有的人读了许多，也没有领会、没有实践。实践非常重要，光领会了是不够的。这种博物学家真的值得我们学习。可以向他们学观察、学书写、学思想，我们在座的某个人去做了，将来也可以成为像约翰·雷、怀特、缪尔这样的伟大人物，进而影响很多人。即使成不了大人物，作为自己，作为一位合格公民、懂得生活的平民，也是相当不错的。学生读了，可能对作文极有帮助。

我们中国有没有博物学家呢？当然有。中国古代学问最大的特征就是博物学的特征。这是我的判断，大家可以讨论、批判。中国古人留下的典籍绝大部分是博物类的。目前大家提倡的国学压根没有重视博物，这是非常成问题的。中国古代有非常优秀的博物学家，郦道元、沈括、郑樵、徐霞客、李时珍、吴其濬等，都留下了优秀作品，现在看他们的作品也非常优秀。国学中不讲这些人，如何对得起那个名字？不讲博物，其实是读不懂《诗经》、唐诗宋词和《红楼梦》的。

近代也有一些人，比如贾祖璋、周作人、竺可桢、叶灵凤、王世襄、位梦华、刘克襄、张巍巍、李元胜、扎西桑俄、徐健、安歌等，他们都是博物学家。这些人的职业不是科学家，但他们关注自然、记录自然、研究自然、书写自然、赞美自然，他们属于"自然学家"（naturalist），即博物学家。

博物学的发展需要有民间组织，国外几乎无一例外。英、美、日的博物学有各种各样的博物民间组织，如皇家鸟类协会、奥杜邦协会。我们国家的民间组织发展不是特别好，不过最近也有一些新的动向，比如自然之友、影像生物调查所（IBE），以及各地的观鸟会和自然教育组织。国家也开始扶持相关的民间环保组织，只是人们对博物学文化传统不了解，将博物与环境生态保护结合得还很不够。我相信过若干年以后，中国的博物学民间组织会发展起来，为和谐社会服务，为天人系统可持续生存做出贡献。民间化，代表了博物学的一个重要出路。做好它的一个前提是，对博物学要有一个重新定位。博物学究竟是怎样的学问？是科学吗？与科学是什么关系？

我的看法是，博物学与科学有多种关系，历史上、现实中，都可以找到许多证据。但整体而言博物学不是科学，也不从属于科学。

人人都可以成为博物学家，只要我们想成为。人人成为科学家、数学家行吗？绝对不行。因为从事科学和数学研究的门槛很高。如果我说人人都可以成为数学家，那是骗人的，不可能人人成为数学家。数学比较特殊，或者说得极端一点儿，没有那个"脑型"，在数学上做不出什么成就，研究研究数学史没准还凑合。想成为物理学家、生物化学家，也不容易，没有博士学位根本没人给你相应的岗位；单干行不行？也不行。现在不是牛顿、居里夫人的年代了。

科普宣传上，过去常常引用某个科学界名人的话，讲"人人天生是科学家"或者"人人可以成为科学家"。千万别当真！因为成不了也没必要。但是博物学家是可以的，博物学家的门槛确实比较低，要求也不是特别高。普通百姓成为博物学家是可以做到的，并且有诸多好处，这就涉及我说的"博物学生存"了。博物要融入平凡的生活，成为人生的一部分。

博物学家是怎么样工作的？博物学是指与还原论的探究相对照的、另一种对于大自然探究的类型。它比自然科学古老，古代也有科学，那是后来追溯出来的。博物学长久以来在宏观尺度上、综合性地、平面性地考察、利用大自然。

博物学确实有悠久的传统。从原始人开始，一直到现代人，博物过程都没有完全中断。我们现在倡导的是新博物学，与18世纪、19世纪的博物学有所不同，但相似的部分非常多。要继承传统博物学的一些方面，要去掉其中过分猎奇、占有、掠夺的成分。但要保留对大自然的惊奇感。现在倡导博物学，要考虑在当代的状况下，人与自然的关系怎么做到和谐，个体如何"访问"大自然。

现在是科学技术的时代，有了科学还要博物吗？这是许多人的疑问。我的回答是，在未来5年、100年、1000年甚至几万年，百姓对大自然的博物式"访问"仍然是需要，并且不是自然科学所能完全替代的。原因在于，人是一种动物，个体的人要亲自感知（不仅是认知）自然之美、大自然的节律；人的生存离不开复杂的大自然，日常生活的方方面面不能都靠科学。如果在日常生活中过分依靠科学、科学家，人就会退化，不再适应这个星球。就像开车用导航仪久了，就不会自然地辨识方向了。西方的基督教、科学、哲学，都太强调人与其他动物的区别，试图把人从自然中孤立、分离出来，认为人最牛，而人当中理性最重要，真理是唯一的。其实这都是基督一神教的思路。大尺度看，这种思路是有问题的，现代性的诸多问题都与此有关。相反，地球上大部分民族不那样活也不那样想，只是近两百年被西方格式化了。

做博物学的目的是什么？不在于"竞技体育"式的现代性竞赛。现代科学的前沿就是竞赛，科学家与科学家竞赛，国家与国家在竞赛，这个实验室跟那个实验室也在竞赛，这个高校跟那个高校也在竞赛。这种"竞技体育"式的现代科技当然很有用，对国家、对资本家非常有用。但是有用的东西未必是个人理想中所追求的东西。那种有用性要加速把人类变得不自然，破坏天人系统的可持续生存。我们所倡导的博物学，功用和目标不在这个方面。

博物学侧重于生活中普通人的尺度和视角。普通人通过感官、推理和想象，能够认识和合理利用大自然，长久以来就是这么活过来的。博物活动所使用的主要工具是人的感官、四肢，再加上简单的工具。可以利用现代科技所提供的一些东西，特别是数码相机，用它可以部分替代采集标本。利奥波德颇例外地表扬了现代性工具中的摄影。给植物拍照没什么问题，闪光影响不大，对动物则要小心，不能随便使用闪光。博物学的起点和终点都离人们的生活世界不遥远，它重视或者说正视人与自然的一体化、共生关系。博物过程中，并不需要排除人的情感渗透。学自然科学，会有一个方法论提醒，要排除个人的主观偏见，尽可能不动感情，以减少主观渗透、增强客观性。博物学不是这样的，我们需要情感的渗透。博物活动对于培养人们情感发育、表达非常有好处。知识海量，教不完学不完。知识跟情感相比哪个重要？情感更重要，知识是第二位的。有了情感，知识可以说要多少补多少；没有恰当的情感，再多的知识也没用，或者起反作用。博物学是要恢复人类个体与大自然的对话关系，这种对话关系在工业化之前是普遍存在并运行良好，否则也不会有我们。这种对话现在被破坏得厉害，需要修补。

现在提倡博物学，不是喊口号，要具体落实。A今天看了一朵花，花什么样，B也看了，A和B的感受可能不一样。昨天看与今天看也可能不一样。我们要在乎其中的相似处也要在乎差异性。有博物体验的人，很自然会认为敬畏大自然有道理。大自然真的博大、复杂、精致，很多东西我们不了解，人类在大自然中是很渺小的。尊重、敬畏大自然，并没有贬低人类，人类也不因此损失秋毫，相反对人类有好处。

这样的博物学考察，我们首先要承认，不是特别深刻，并不像科学前沿那样神奇。普通人没法进入分子层面，而现在做宏观分类研究，也要借助于分子层面的信息甚至化学方面的信息。普通人做不了科学前沿的还原论工作，但可以在平面网络上、整体上收集信息、近似地把握对象。通过我们的肉眼来观察，也能发现许多有价值的东西。现在做分类学，要用到分子生物学的手段，但也要在博物的框架下使用。为我所用，而非为他人打工。

对于多数人来说，这样一种博物学不是传统意义上侧重发现的学问。修炼博物学，不能指望一年以后或几年后在北京就能发现几个新物种，这个可能性不是没有但不大。我关注博物学十多年，到现在为止一个新物种也没发现，也没什么，自己感觉对大自然的理解确实加深了许多。

现在博物的目标不在那儿，我们从事博物学、修炼博物学，主要侧重于鉴赏性、体验性，它将导致一种生活方式，一种休闲方式，一种人与自然和谐生存的艺术。学习欣赏自然，通过博物活动来调节日常生活，使我们单调的生活变得有趣。它非常强调实践、操作，不能仅仅停留在口头上和纸面上，必须自己亲自尝试，不能让别人代劳。科学家观察过，他人观察过，不能代替自己亲自观察。就像谈恋爱，别人谈到、爱过，跟自己亲自去谈去爱，差别大着呢。这样的博物学门槛不高，它在现代科学跟常识之间提供了一个良好的"界面"，提供了一个"缓冲区"。通过博物，也有助于进入科学、理解科学。否则光凭教科书、听别人讲科学，学到的只是皮毛，自己再去传播、科普，也不过是个传声筒而已。

博物学也有专业与业余之分，专业者接近科学，在此不必多讲，我们最关心的是后者。有人说，博物听起来挺好，可是不会操作。如何博物，从哪开始？最好的办法是从自己的身边做起，甚至可以从辨识餐桌上的蔬菜开始。从自己的房前屋后做起，由乡村或社区再到整个地区，把自然物基本认出来，观察它们的形态与变化，与环境和生态适当结合。不知道的，去学习，在信息网络时代，自学更容易了。看一定的图书、期刊，再与一些志同道合的人交流，我们自己的博物学就很容易开展起来。注意，是"我们自己的"，不是别人的。

现在做博物学，有几点需要提醒的，就是尽可能少采标本。如果一定要采的话，比如说植物，要采它的茎、叶等，不要采它的根。对于数量较少的种类，更要慎重。拍摄动物，也尽量不要过分打扰动物。当下许多人折腾动物以获得特殊的拍摄效果，是非常可恶的，必须严厉斥责。

普通人的博物学能够修炼到什么程度？这是许多人关心的。大家看一下PPT上的这些鸟，画得怎样？对，非常好。什么人画的呢？不是鸟类专家或美术家画的，不是院士画的，不是大学教授画的，而是一个喇嘛画的。他是青海果洛藏族自治州久治县的扎西桑俄，他非常优秀。他没有大学生物系师生关于鸟类分类的书本知识，他也没有钻研过绘画，但他就是画得好，他比许多专家还了解家乡的鸟。他是了不起的博物学家。他靠的是工夫，大量的经验积累，对大自然的热爱。他喜欢鸟，经常看鸟，每种鸟的长相、不同季节的变化，习性与生态等，他都掌握。他是个真正的博物学家。

他能够做到的，普通人理论上也能够做到。也许努力之后我们也没他画得好、认得准，或者工夫不够或者天赋不够，但也只是程度上的差别，我们也可以做得很棒。学扎西桑俄是可行的，学院士反而是不方便的。关键是，我们要有好心情，要愿意关注"卑微"的鸟类，要舍得"浪费"时间观鸟。你舍得吗？

图4　鸟（扎西桑俄绘）

这是一朵花，这种花我们都见过，俗称玫瑰花，实际上它不是玫瑰，是月季。我让大家看的，不是这个花的花瓣，而是花后边绿色的那个萼片。

图5　月季

请看PPT上的这种花。对了，它是蔷薇科的月季。你真的很了解它吗？在翻译《玫瑰之吻》这本书之前，我也以为很了解月季。但在翻译时，书上讲了"五兄弟"的儿歌，我十分吃惊。立即下楼到了花店重新观察月季，果然书上讲的是对的，而我以前不知道。我又问了许多人，其实他们也不知道。月季花有五个萼片，这五个绿色的萼片（五兄弟）不完全一样。有两个萼片两边都光滑、没有胡须，另外有两个萼片每边有一根须子，最后一个萼片只在一侧长出一个小毛刺（单侧无须）。

图6　月季萼片五兄弟

这么多年，我怎么就没有注意这件事情呢？对于欧洲人，这却是常识。我又到别的花店去核对过，无一例外。为什么会这样？原来现代月季的一个祖先是犬蔷薇，也叫狗蔷薇。犬蔷薇有这个特征（现在我国东北的伞花蔷薇也有这个特征），它的后代也都保留了这个特征。顺便提一句，外国从中国拿走了许多花卉资源，而我们自己对中华大地上的宝贵植物资源不够重视，了解得不够，利用得不够。园艺界也特别热衷于外来种、非本地种，这是不对的。实际上本土的才是好的、安全的，也是节约的。

按著名学者，目前世界最大的博物学权威、哈佛大学的威尔逊教授的界定，博物学是这样的：实际上，博物学就是了解你周围的一切。它可以是从山巅上眺望一片森林，观察街边两旁的杂草，可以是关注鲸鱼跃出海面的剪影，了解浅塘里、水藻上长出的原生物。相比于虚拟存在，有人更喜爱现实存在。无论怎样，世界的每一个角落都有无限的活力，等着人们去探索，哪怕只有片刻。至于那些所谓的"现代科技的奇迹"，却要提醒读者，即使是路边的杂草或者池塘里的原生物，也远比人类发明的任何装置要复杂难解得多。

注意，这是科学家、博物学家威尔逊的界定，一点不神秘。

博物也可以做动词来看。我们可以博物起来，把自己放归大自然。

做了博物学有什么好处？博物，可使自己的生活变得有趣、快乐，博物自在。博物不要跟别人攀比。《论语》中有一句话："射不主皮。"原意是说，射箭不能只看是否射透了靶子。引申为，只要肯做、合乎规矩、方向对头就好，不要太在乎最终取得多大成就。玩博物学也一样，多数人不是为了有惊人的发现，不是想当科学家、专家，而是自娱自乐。不必发表论文，但可以写笔记、写游记。

我们都是普通百姓，不是职业科学家，但可以培养自己的爱好，锻炼自己的"个人知识"。个人知识为什么要强调？因为它才是属于自己的真正的知识，图书馆中的知识其实是外在的。科学哲学、科学社会学都很强调公共知识，其实公共知识跟你跟我没有太大关系。转化成我的、装进了我的脑袋里头的，才算真知识。我见了某个植物，能够认出来，能与植物志的某条目对接上，这个知识才靠谱。修炼博物学很重要的是把公共知识转化成个人知识。反过来，个人知识的积累，也能部分转化为公共知识。在博物学的意义上，书上写着、别人见过与自己亲自相见并相认，是完全不同的事情。我们要自己体验、享受那样一个过程。

最后提几点建议。第一，我想引用孔子在《论语》中讲的"多识于鸟兽草木之名"。名字就相当于一把钥匙、关键词，在网络时代，知道了名字，其他许多东西都能找到，各种数据库都可以查。

第二个建议，撰写个人化的自然笔记、随笔。稍高级一点，可以像怀特、利奥波德、缪尔一般；可以像周作人，叶灵凤一般。建议用最朴实的语言，最简单的语言，白描手法来写。最好用第一人称写！

第三个建议，要选定某个主题，最好是一个主题，不要多，拿起数码相机，建立自己的自然档案。坚持一段时间回头看，肯定有巨大收获。

博物学好像是要让我们费很大的劲去学习，其实并不是这样。哲学家柏拉图有个说法：所谓学习，其实是一种灵魂的回忆。人的学问按柏拉图的说法是先天就具有了。教育只是提供一些经验刺激，让我们想起我们先天具有的东西！我们对自然的爱好出自天性，我们有了解、学习的能力，能把我们内心喜欢的东西通过我们的对象把它再现出来。孔子也说过，"知之者不如好之者，好之者不如乐之者"，用在博物学上非常合适。知、好、乐，三个协同起来，博物学真的就跟我们的人生密切结合了。

刘华杰，《天涯芳草》作者。于 2012 年 9 月 23 日到国家图书馆举办讲座。此文根据讲座内容整理而成。

《天涯芳草》：刘华杰著，北京大学出版社 2011 年版。第七届"文津图书奖"获奖图书。

走进《希望：拯救濒危动植物的故事》

黄乘明

非常高兴来到国家图书馆，给大家分享一些我的经历和故事。我之前是做灵长类研究的，主要工作就是在野外观察猴子，观察它们的行为，观察它们吃什么、喝什么，然后再提出一些保护它们的建议。我也非常有幸因此跟珍·古道尔博士结缘，正因为跟她的接触，所以才有了《希望：拯救濒危动植物的故事》这本书，这本书先后获得了"文津图书奖""吴大猷优秀科普作品奖""中国科普作家优秀作品奖"。这些奖不是我的荣誉，应该说是珍·古道尔博士的荣誉，因为她所做的一切，深深扎根在我们热爱动物、保护环境的老百姓的心里。我利用我的知识、我对灵长类的了解，把她的这本著作翻译过来，在翻译完这本书之后，我自己也很受启发。尽管我对她研究的内容、对这个学科的知识很熟悉，但是要想翻译成一本好的著作，还是会有很多力不从心的地方，文学的功底必须要很扎实，而我在有些语言表达方面、文学的色彩方面，没有把原著那些精彩的地方译出来，所以还是有些遗憾。还好，2011年11月份，珍·古道尔博士来到北京，我跟她见过两次，她说她的下一部著作又准备出来了，希望我继续做。所以下一部著作如果我能继续翻译，我会找一些文学功底好的朋友或者同事来帮我润润色，可能会呈现出更好的效果。下面我就简单讲讲灵长类的故事，以及我跟珍·古道尔博士的缘分。

《希望：拯救濒危动植物的故事》这本书里，讲了50个非专业人士保护野生动植物的故事，非常令人印象深刻，也令人激动。关于灵长类，热爱动物的朋友都知道，灵长类是动物界里面一个很重要的类群，包括我们人类在内，都属于灵长类。通俗地说，我们把灵长类叫做猴子，如果要给一个严格的界定，什么叫灵长类呢？

灵长类这个词是我们老祖先命名的，所谓的灵，就是聪明的意思，灵巧、灵活、聪明；长呢，那就是第一的意思。所以有些人读灵长（cháng）类那是不对的，读灵长（zhǎng）类。人属于哪个部分呢？灵长类是动物分类的一个类群，动物、植物都有一个分类的单元，叫做界、门、纲、目、科、属、种，这个分类，就有点儿像行政区划，比如说要找某一个人，或者是给某一个人寄信，那必须得把通信地址给写清楚了；比如说日本人给我们寄信，或者美国的朋友给我们寄信，那得写清楚了。中国、北京、朝阳区或者说海淀区哪个地方。同样，动物分类也是这样的。

灵长类就属于灵长目这一个分类单元。人类属于灵长类目的人科、人属、人种这么一个位置上，所以我们本身就属于灵长类。灵长类动物是我们人类最亲密的朋友，它跟我们有很多十分相似的地方，首先它有聪明发达的大脑、灵巧的四肢，拇指和其他四指能对握，这些功能都是灵长类共同具有的特别的地方。最大的特别就是发达的大脑，它是有一个比例的。灵巧的四肢也不好定性地去度量，有一个很明显的特征，就是拇指和四指是可以对握的，那为什么只有灵长类才有这个对握的功能呢？

因为包括我们人类在内的灵长类，我们最早生活的环境是在森林里边，在森林里随时都要攀爬，人类离开了森林以后，逐渐适应了陆地上的生活。所以我们对握的功能就慢慢退化了，手的对握功能还是保持着抓握，但是我们的脚就没有对握的功能了，这是人类适应了陆地环境、适应了直立行走的结果。但是其他的灵长类还是生活在森林里边的，它们脚的这种对握功能还依然保持着，因为它们还生活在森林里边，还需要爬树。所以这是第一点，灵长类是最聪明的动物。

第二点就是它们有复杂的亲缘关系。在我们看到的照片里，黑猩猩、红毛猩猩，都是以家庭的形式生活的。人类的家庭是社会最基本的单元，同样在灵长类里边，家庭也是灵长类群的最基本的组成结构。我们看到的很多的灵长类，都是以一个一个家庭的形式存在的，以家庭的形式生活。所以它们之间的关系是很亲近的，像我们人类的父母、兄弟、姐妹这样的关系。

此外，灵长类里面婚配制度是很复杂的。我们人类的婚配制度，现在我们国家法定的是一夫一妻制，其他形式都是非法的。但是从自然的状态来说，人类最早的祖先，它们是什么样的婚配制度呢？应该是一种原始的母系社会制度，就是以母系为核心的制度。现在这种以母系为核心的婚姻制度，在我们国家还依然保留着，就是云南的泸沽湖的走婚族。人类只是在灵长类里面的一种而已，灵长类里面还有其他很多很复杂的婚配制度，有单独生活的，有一雄一雌的等等各种情况。人类的一夫一妻制是法律规定的，动物里面没有法律一说，但是在长臂猿里面，一雄一雌的婚配制度存在得特别多。

另一种形式，一夫多妻制，或者叫一雄多雌制。它分为以母系为主的一雄多雌制，和以父系为主的一雄多雌制。除了一雄多雌以外，还有一种制度就是多雄多雌制。我们最常见的猕猴，几乎每个动物园里面都有，它就是多雄多雌制的。在这一个猴群里面，一个猴群可以达到几百只那么大的一个数量。在这么大一个猴群里面，雄性有等级制度，雌性也有等级。多雄多雌的制度里面，更高一等的就是和我们人类很接近的，叫做重层社会。重层社会分成两类，一类是母系的重层社会，一类是父系的重层社会。母系的重层社会和我们人类社会一样，以母系为主，几个母系家庭在一块儿，构成了家族、村落、社会，然后这个社会慢慢扩大。所以在灵长类里面，我们可以找到很多跟我们人类相似的特征、行为、思维方式、社会结构等，因为它们是我们的近亲。

灵长类还能有丰富的思维，比如借助工具取香蕉。跟其他动物相比，灵长类的聪明就体现在这个方面，其他动物肯定是不会的。比如说同样一个实验，放了不同的动物，在高处都挂着它们喜欢吃的东西，只有灵长类会借助工具。黑猩猩会借助工具把墙角的一些木箱子搬过来，一层一层往上叠，轻而易举地取到挂在屋顶的香蕉。这个工作看起来很简单，但是对动物来说是考验它思维能力的问题，只有灵长类才有这样的思维能力。此外还有一些近亲可以进行简单的计算、认识图片等能力，都证明灵长类的智力非常的高。当然，我们人类也是灵长类的一种，在有些能力上，灵长类比我们人类还强。比如说，2006年日本的科学家把人和黑猩猩搁一块做过实验，什么实验呢？就是给人和黑猩猩看一个视频，视频上面不按规律地出现一些数字，测试瞬间记忆能力，最后发现黑猩猩的正确率比我们人类还高，说明它的瞬间记忆能力比我们人类还强，所以我们人类也不是在什么方面上都是最厉害的。

第三点是它们的面部表情。人类有七情六欲、喜怒哀乐，灵长类也有，之所以能有喜怒哀乐这些丰富的面部表情，是跟灵长类的面部肌肉有关系的。有了发达的肌肉，才能表现出很多的各种各样的表情，像痛苦、高兴、快乐等等。

比如滇金丝猴，它是我们中国所特有的，分布在云南和西藏，它的鼻孔是朝天的。跟我们人类相比，它缺一个鼻翼，就没有把这个鼻孔包下来，鼻孔朝天，所以这一类猴子，也就是所有的金丝猴又叫做仰鼻猴。它的嘴唇是粉红色的，像女士涂了一些口红，简单地画了一些淡妆，嘴唇比较厚，它们的表情、脸上的结构跟我们人类比较相似。

第四个方面，灵长类能够制作工具和利用工具。这就不简单了，只有高等的动物才会。我们家里面养的狗啊，猫啊，它能制作工具吗？它不能制作工具的，可能有时候通过训练使它能够利用工具，但是制作工具是很难的。这就是说大脑的发达程度和智慧，来决定它们是否能够制作工具，而我们看到的灵长类是能制作工具和利用工具的。

当年珍·古道尔博士，一个 24 岁的小姑娘，一个人从英国独自到坦桑尼亚的冈比大森林里面去研究黑猩猩，然后她发现了黑猩猩能够利用工具，有两个非常典型的例子。一个是草茎钓蚂蚁，它是怎么制造工具的呢？黑猩猩喜欢吃蚂蚁，蚂蚁见到黑猩猩来的时候，它就有生命危险了。当然得跑啊，于是就钻到地下的洞穴底下去了，黑猩猩吃不着了，怎么办呢？黑猩猩就知道制作工具，就把周围的草给掐断了，把软的部分给扔掉撕掉，然后留中间那个硬的部分，这就是它的工具。它用这个工具钓蚂蚁，把这个硬的草插到蚂蚁的窝里边去，蚂蚁一看有个外来的东西了，赶快去推啊，然后就全都爬到那个草茎上面，这时候黑猩猩把草茎拉上来，一堆的蚂蚁就爬在那个草茎上面，然后就放到嘴里面，非常的聪明。还有一个例子，就是黑猩猩能够把树叶当做海绵来喝水。在大森林的环境里，有时候会有一些树，会有一个凹的地方，这个凹的地方就存了水，怎么来喝这个水呢？如果用嘴直接喝，会因为嘴太大而口径比较小，喝不到。那怎么办呢？黑猩猩学会把树叶抓下来用嘴嚼，嚼了之后稍微干一点了，再把干一点的这团树叶放到水坑里面，树叶就吸了很多水，然后再把含有水分多的这一堆树叶放到嘴里面，所以说它能够制作一些简单的工具。

珍·古道尔博士的这个发现，在当时是具有划时代意义的。因为当时我们定义人和动物的区别，就是认为动物是不会利用工具、不会制造工具的，所以当珍·古道尔博士发现了黑猩猩有这样的功能，并且向世界做了报道之后，大家都很震惊，然后才发现动物有那么厉害啊，才慢慢地完善和改正了人和动物的区别的定义。灵长类还给人类带来了很多的乐趣，我们好多的书都是用猴子来作为主人公的，最经典的一本书就是《西游记》。此外几乎每一个动物园里都能看见蹦蹦跳跳的很活泼的猕猴，有很多地方还用猴子吸引大家去旅游。

此外，猴子等灵长类还是我们重要的实验动物。在研制药物疫苗中，比如艾滋病的疫苗、SARS 的疫苗，最后都要在灵长类动物身上做实验，确保没有问题了，才能够用到我们人身上。可以说灵长类是我们药物安全的最后一道屏障，因此在世界上专门有一个行业，就是灵长类实验动物的养殖。我们国家主要分布在广东、广西，一般养殖两种猴子，一种是我们见到的普通的猕猴，还有一种是从东南亚引进来的，叫做食蟹猴。一个猴场小的有好几千只，大的有几万只，这些猴子主要提供给一些研究部门做实验，都是为人类服务的。

所以灵长类跟人类的关系非常密切。灵长类到底分布在哪里呢？我给大家介绍一个大概的概念。世界上一共有四百多种灵长类，这四百多种灵长类不是到处都有的。在自然状态下，非人灵长类只分布在三个地方，第一片是非洲大陆，第二片是东南亚（我们国家的灵长类分布也是靠东南亚这片区域的最北边），第三片是南美洲。其他的地方就没有非人类灵长类分布了。

我们国家一共有多少灵长类分布呢？包括我们人类在内，中国一共有24种灵长类，其中有懒猴、猕猴、叶猴、仰鼻猴、长臂猿等种类。

第一种懒猴，老百姓又把它叫做眼睛猴。为什么叫懒猴呢？因为它白天睡觉晚上才活动，人们看到它的时候总是在睡觉，都觉得它特别懒，实际上人家是晚上活动的，夜行性的，所以它眼睛特别大。我们国家有两种懒猴，主要分布在云南和广西。

我们国家还有六种猕猴，最多的一种就是普通的猕猴。普通的猕猴在我们国家自然分布，20世纪70年代，在北京的承德附近有一个兴隆县，那个时候还有猕猴的自然分布，后来因为人类的猎杀、栖息地的破坏等，兴隆县的猕猴没了，我们国家的猕猴分布的最北界一下子就缩到太行山去了。所以这一退缩就是几百公里，这一段就没了。但是现在听说在北京的房山山野上又出现了猕猴。因为北京也有饲养实验灵长类动物的，可能是有时候跑出去了，跑出去就在山上面自由自在地活起来了，然后不断地繁殖成群了，希望这一群猴子不断地扩大，繁衍下去。

叶猴有五种。顾名思义，叶猴就是主要吃叶子的，素食的。

仰鼻猴有六种，滇金丝猴是一种仰鼻猴，川金丝猴也是一种仰鼻猴。2009年，在缅甸又发现了一种仰鼻猴，命名为缅甸金丝猴。实际上是分布在中缅交界的地方，我们在中国的怒江也发现了这种缅甸金丝猴，中文名字叫做怒江金丝猴。但是物种的命名有一个优先的命名权，拉丁名是不会改的，中国人可以把它叫做怒江金丝猴，但是它的拉丁名还是缅甸金丝猴。这种金丝猴和滇金丝猴，大部分的结构、外形都差不多，最大的区别就是缅甸金丝猴是全身黑色的，而滇金丝猴全身是黑白两色的。

我们国家还有六种长臂猿，都分布在南边，云南、广西这些地方。其中白掌长臂猿的手部有一块是白色的，数量非常的少。

另外我想讲讲我们国家所特有的灵长类。它们有哪些呢？一个是藏酋猴，一个是台湾猴，还有三种金丝猴和白头叶猴。

简单说下藏酋猴，主要分布在峨眉山。藏酋猴最早的时候是自由自在地生活在峨眉山一带的，包括黄山的也是藏酋猴。随着人们对它们的兴趣越来越浓，近距离去接近它们，然后不断地喂东西给它们，在很多游客能去到的地方，藏酋猴变得很凶残、很暴力，抢东西甚至伤人的事件都有。特别是峨眉山的藏酋猴，曾经被处决了几个，因为它们伤人了，把人推到悬崖下去了；会抢东西，看见人过来，不给东西吃，就把相机给抢跑了，被惯坏了。这种结果并不是人类想看到的，但是确确实实是我们人类所造成的，所以我们不提倡去投食。

第二个我们国家所特有的是台湾猴，当然只分布在台湾。

第三类是我们国家所特有的三种金丝猴。这三种金丝猴只分布在我们中国，一种是川金丝猴，分布在我们国家的四川、陕西和湖北神农架，这种金丝猴才叫做真正的金丝猴，身上的毛发是金黄色的，非常漂亮。第二是滇金丝猴，实际上滇金丝猴不是金丝的，为什么这些都叫金丝猴呢？因为最早命名的时候，是命名川金丝猴的，命名的人一看这个是金黄色的毛发，就叫金丝猴吧。后面再找到分布在四川的滇金丝猴时，发现除了毛色不同以外，它们的结构、活动的情况，跟川金丝猴很近，所以也把他们归到金丝猴这一类去了，尽管它的毛色不是金黄色的，而是黑白两色的，也非常漂亮。还有一种，也是我们国家所特有的，只分布在贵州的，叫黔金丝猴。

还有一种特有的是叶猴。头发是白的，像一个老人家，所以叫做白头叶猴。下面简单说下白头叶猴的故事。

白头叶猴只分布在我们国家的广西，生活在石山地区。石山地区是由峰丛和谷地两个部分构成的。所谓峰丛就是一种石山，一座座的石山连在一起。当地老百姓把这些平地叫做山路，这些平地也是当地的耕地。在这一片土地上，石山就像一块一块毡子扎了根，悬崖峭壁比比皆是。相比几千米的大山来说，它并不高，也就是 100 米、200 米这样的高度，但是很多都是很直的悬崖峭壁，远远看起来是很壮观的。石山分成几个部分，最上面是山顶，顶部明显是比较平的地方，中间是悬崖峭壁的部分，山脚是缓坡，叫做坡积裙，底下是平地。这些平地被当地老百姓开垦了，种上庄稼。当地老百姓的柴薪来源就是砍树。每年到了繁忙的农耕季节，拖拉机进去拉他们种的一些农作物，像甘蔗之类的。这里就是白头叶猴生活的地方，是保护区的核心区。坡积裙植被比较丰富，有很多的土壤和充分的水分，这个地方成为白头叶猴食物的主要集中地。到了中午，它们就会躲在树荫底下休息，很多悬崖峭壁上面有石洞，它们晚上就躲在这个洞里面去休息了。

如何判断一个地方有没有白头叶猴呢？我们可以通过石洞的下面有没有粪便排出的痕迹来判断。它不像我们人类要专门弄一个厕所，还要讲卫生。动物可不管，早上起来屁股往外面一撅就开始往下拉，一拉就拉到石壁上面，年复一年，底下就有很多这样的痕迹。所以我们到那个山里面一看，哪个地方有没有猴子，一看就能看得出来。

山的顶部比较平缓，土壤很稀少，能够生长在这样环境里的植被就更少了，又缺水又没有土壤，所以能够生长在山顶上的植被是非常了不起的，是能够抗旱的、抗风的。这样的石山，如果把它集中在一起，再有一条江的话，就非常美丽了，这个美丽的景象就在广西的桂林山水，桂林山水就是这样的结构，就是这样的石山然后加上一条美丽的漓江，所以是个非常好的风景点。

但是作为动物来说，这样的环境可不是哪种动物都能生存的。在这样的环境里面，白头叶猴是最大的野生动物，所以我们就把它拟人化了，说白头叶猴是这片石山的守护神，它每天忠实地从石洞里面爬出来，爬到山顶上守护这片家园，它必须得克服很多难以想象的困难才能在这种环境里面生活。

如果白头叶猴爬到山顶上去了，我们远远可以看见，它们脑袋白白的，尾巴白白的。要想在这种悬崖峭壁、石头林立的地方生活，它必须得修炼，成为真正的苦行僧。怎么修炼呢？人也好、动物也好，最首要的问题是解决水的问题，水是生命之源。在这种环境里面，它怎么获得水分呢？从降雨量来说，当地的降雨量是很高的，每年的降雨量能够达到 2000 毫米左右，水资源非常的丰富，它怎么会缺水呢？大自然就给它开了一个玩笑，它生活在这片石山的环境，一降雨，水就顺着这个石缝流到地下去了，全都变成地下水了，所以白头叶猴喝不到水，那怎么办呢？要在这种环境里面生存，你得想办法练就一套获得水分的本领，怎么办呢？

那就是每天早上吃嫩叶，因为嫩叶有水分啊。夏天的时候，白天晚上的温差比较大，可以接露水吃，来满足他们的水分需要。到了干旱的季节，嫩叶没了，都是老叶子了，那怎么办呢？它就得冒着很大的风险，战战兢兢地到地面上去喝水，地面那种很脏的水，就这么凑合解决了。

然后是吃的东西，它是吃树叶的，树叶来源没问题的，满山都是树叶，但是树叶也不是想吃就能吃的。比如说像我们人要吃树叶就活不了，我们就会营养缺乏，不能长期这么下去，但是白头叶猴就可以，为什么呢？因为它的胃里，就有一种专门分解纤维素的细菌，能使它吃进去的纤维素很好地分解和消化，来获得营养，所以它才能够以树叶为生。当然它也很喜欢吃果实。我们在野外观察的时候，曾经看到它很喜欢吃一种果实，早上出去的时候，在那一棵树上吃，晚上回来的时候还在那棵树上吃。我们就想应该是很好吃的吧，然后我们就去试一试，结果从地上捡起来，刚放到嘴里面用牙齿一咬，发现苦涩得不得了，赶快吐掉。这就是白头叶猴最好吃的东西，可不是我们的苹果、橘子这么好吃的东西。

还有一点，在这种悬崖峭壁比比皆是的石山上生存，没有一点真的攀爬本领怎么行呢？只要一摔下来，几十米高的悬崖峭壁，后果是很严重的，所以它必须具有超强的攀岩能力。对于母亲来说，不但它自己要攀岩，它还得抱着它的小猴子攀岩。在攀岩的过程中，它的肢体除了要承担自己本身的重量，还得承担它孩子的重量，我们曾经观察到，有一只母猴同时抱着两只小猴在攀岩，实在是太厉害了。

白头叶猴的外形也很特殊，我们说它梳了一个贝克汉姆的发型，身体是黑白两色，远远看去，这个黑白两色就和山体黑白色岩石很相近，是一种很好的保护色。当初我们刚刚到山里面去找它的时候，往往都把石壁看成是猴子，把猴子看成了石壁，后来水平高了，一看就能看出哪个地方是猴子，哪个地方是石山，它就蒙不到我们了。

白头叶猴的成体是黑白两色的，那幼体呢？幼体是金黄色的，非常漂亮的金黄色。所以我们当初开始做研究的时候，老百姓就告诉我们山上有两种猴子，有一种是金黄色的，有一种是黑白两色的。后来随着我们慢慢观察发现，这个金黄色的猴子，是它抱着的小崽，非常漂亮。幼崽到了一岁多以后，金黄色慢慢褪掉了，就变成跟父母一样的颜色了。

白头叶猴是一夫多妻的家庭，跟我们人类社会的后宫式的一夫多妻很相似。母猴之间的关系是一种非常亲密的母女关系或姐妹关系，而这个猴王、这个夫呢，则是外来户、是倒插门的，这个倒插门的外来户怎么来的呢？它是经过打拼来的，经过比武来的。通过比武，它要把前面这个公猴、这个夫打走，两个要比试，输了就离开，赢了继续呆在这个猴群里面。但是总有打不赢的时候，比如说今年它去比拼了，比了之后它赢了，继续呆在这个猴群里面。等过一年、两年之后，它的对手比它更强了，它的身体又弱了，这个时候它就打不赢了，打不赢怎么办呢？就被赶出去了，成了孤猴、成了独猴，就在猴群和猴群之间流浪，最后就老了、弱了，就死掉了。而它的后代呢？它的后代在这个猴群里面慢慢长大，长大了之后，雌性还留在这个猴群，雄性就出去了，出去了之后找机会到其他的猴群里面当猴王，就是这么一个规律。

在白头叶猴的猴群里面，从来不考虑计划生育。公猴到这个猴群，费了很大的劲打赢了，所以它会尽最大的努力来繁殖自己的后代。繁殖的过程中就出现了一种杀婴的行为，就是说新上台的猴王，要把以前猴王留下来的小崽杀死，杀死的目的就是让母猴尽快地跟新上来的猴王交配繁殖后代。所以它要使它生产儿女的能力最大化，这就是动物界里面的一个自然规律。小猴长大了之后，母亲带着它们去吃东西，识别它们的领域范围，这些都没问题，对它们来说都比较简单。

最难的是要教它们学会攀岩，教他们爬悬崖峭壁，这是最后的也是最难的一关。我们刚才说了，女儿是要留在猴群的，儿子是要被赶出去的，赶出去的这些小公猴，临时集中在一起，就形成了一个全雄群，我们又把它们戏称为"快乐的单身汉"。这些"快乐的单身汉"，就是临时聚在一起，然后就一只一只地去打斗，慢慢地又解体了。就是说一只小公猴成功地进入到一个猴群里面去了，那么"快乐的单身汉"俱乐部就少了一个个体；然后下一次又成功了，又少一个个体，慢慢地临时的俱乐部就解体了。又过一阵子，这些小公猴又出来了，大家又聚在一起，又成了一个临时的俱乐部，是特别有意思的。

白头叶猴只分布在广西4个县境内的200平方公里的一个范围里面。关于白头叶猴的故事，也能反映我们国家对野生动物从杀害，到保护、到喜爱这么一个过程。我把它说成是"从乌猿酒的悲剧到擅长表演的文工团员"。20世纪80年代之前，也就是保护区建立之前，广西盛产乌猿酒，乌猿酒怎么做呢？就是用白头叶猴、黑叶猴的尸体。白头叶猴在石山上观察时，如果有枪的话很好打。所以在保护区建立之前，那个地方就大量地猎杀白头叶猴来做乌猿酒。白头叶猴被拿来泡在酒里面，据说有什么祛风、健骨、活血、强身的功能，对风湿有作用。就是因为有这些功效，所以那个地方才做乌猿酒，猎杀了很多白头叶猴。

此外，受到威胁的还有栖息地的破坏，像砍柴造成的破坏。还有在栖息地里面焚烧一些庄稼秸秆，污染了空气。保护区建立了之后，人们对它进行保护了，植树造林，周边群众的保护意识也提高了，就没有人再去伤害白头叶猴了，而且从以前的伤害变成了现在的喜爱，怎么喜爱呢？我有很多照片都是一些爱好者去拍的，拍了照片以后在网上传，大家非常喜欢它们，不管当地人还是外地人。到保护区里面看白头叶猴，白头叶猴都非常给面子。每次有人去了，它都出来在那个地方表演，在山上蹦来蹦去、跳来跳去，很兴奋、很高兴。我们开玩笑地说，白头叶猴很通人性，给足了保护区的面子，越是从外地去的，越能够看得见，它越高兴，越在那里蹦蹦跳跳。

我们这几年也组织了一些学生去考察去看，让他们体验一下白头叶猴的生活环境。到老百姓家里面去访问，以及让他们体验科学家是怎么做科学研究的。他们的一些考察报告也在杂志上进行发表，所以他们很高兴，包括学校的老师也非常高兴，这就是做的一些活动。前面讲的是我跟灵长类的缘分。

我之所以会从事猴子的研究，也跟珍·古道尔博士有关。上初中时，一次偶然机会，我读到了《黑猩猩在召唤》这本书。在我翻译的这本《希望：拯救濒危动植物的故事》的后记里面我说，20 世纪 70 年代的时候，学校图书馆里面没那么多书，而我特别喜欢看书，然后就去借书。我喜欢看的书都没了，最后就剩下这本《黑猩猩在召唤》了，是没人看的，最后我就拿来看，没想到一看到这本书我就跟灵长类结缘了，跟珍·古道尔博士结缘了，这本书最早是科普出版社出的，20 世纪 70 年代张锋先生译的。后来 20 世纪 80 年代还有另外一个译本，是科学出版社出的。

珍·古道尔博士的最大贡献，就是讲到黑猩猩要怎么去制造工具，利用工具。另外我们在做白头叶猴的研究过程中，以及我在学校里面当老师的过程中，珍·古道尔博士有很多的影像资料，也是我们用来给学生上课的很好的材料。看完了她的书以后知道了很多的故事，比如在《黑猩猩在召唤》这本书里面，讲到黑猩猩这个家族里面，猴王更替的一些过程。也就是说，黑猩猩的这个社会，它的多雄多雌的婚配制度。在这个制度里边，雄性它是有序位的，雌性也有一个序位，雄性里面的序位最高的当然可以叫做猴王，猴王怎么产生的呢？通过打斗，但是黑猩猩的打斗中包含着智慧的成分。比如有一只黑猩猩，它就用一种特殊的本领当上了猴王。在它生活的环境里面，它找到了一个铁皮桶，能够敲得响的。然后那只公猴就一直敲，结果把其他公猴都吓坏了，以为这只公猴很有本领，后来这只公猴就这么当上了猴王。

书里面讲了很多的故事，同时还讲了另外一个故事。说有只小猴子叫福林，它妈妈最宠爱它了，一直喂奶，一直带着它，最后呢？它妈妈年纪太大了死了，然后这个小家伙最后也死了。为什么呢？因为妈妈一直带着它，它很多生存的本领、生存技巧都没学会，所以妈妈一去世，它也就不知道怎么办了，也就不会找东西吃，也就不会跟着其他的个体，比如跟着哥哥姐姐一起去找东西了，最后它就饿死了。像这种故事在《黑猩猩的召唤》里面有很多。这样的故事就为我们做研究的，或者为我们当老师的给学生讲课，带学生去野外考察，提供很多很好的资源。在我研究的过程中，我也出了几本书，一本是《中国白头叶猴》，就是前面我说的，写白头叶猴的。另外一本书是比较科普一些的，叫做《探秘喀斯特石山的精灵——白头叶猴的考察记》。这本书比较通俗易懂，讲考察中的一些故事。这也是在珍·古道尔博士的启发下，我们做的一些工作，所以她的经历和故事是我们教学和研究最好的动力和资源。

跟珍·古道尔博士近距离的接触，源于这本书的翻译。2010 年，我开始与珍·古道尔博士聊这本书的翻译事宜，它的原版叫做 *Hope for animals and their world*，2009 年在美国出版，发行后在国外卖得很好，很多人非常喜欢这本书，讲述的都是一些很朴实的故事。我拿到这本书的英文版以后，发现书里记载的研究故事跟我的研究过程、研究经历非常相似，所以对我来说很通俗易懂，翻译起来也比较容易。

2011 年，珍·古道尔博士在研究了近 30 年的冈比亚黑猩猩之后，她感到作为一个研究学者，光是研究动物，只把动物的故事和科学知识告诉大众是远远不够的，还要告诉大众怎么保护环境、怎么保护所有的动物。所以她成立了一个保护组织，叫做 Roots & Shoots，中文翻译成"根与芽"。"根与芽"在世界上 100 多个国家中都有组织。中国好多的大学、中学，甚至小学都有学生参与"根与芽"的活动。这些活动主要是针对中青年人和学生的，因为珍·古道尔博士认为年轻人的教育更为重要，年轻人更有必要形成对环境的保护意识。就在这个意识推动下，她倡导成立了"根与芽"，而且 2011 年的"根与芽"峰会也是在我们国家动物博物馆举行的，当时珍·古道尔博士没有来，发了一个视频来表示祝贺。

2012 年，"根与芽"峰会在中国矿业大学举行，这次珍·古道尔博士来了，这本书也在 2011 年出版了，所以我就跟她见面了。她非常高兴，把这本书送给我，并且还签了一个名字。除了参加峰会，她还专门给中国科学院研究生院的博士生们做了一个讲座，讲述她是怎么去工作的，怎么去搞活动的。然后她特别针对这本书的中文版说，她很感谢我，把她的名字、她的书、她的声音介绍给中国人。

珍·古道尔博士的故事，鼓励了一代又一代的年轻人，投入到野生动植物保护的工作中，也鼓励很多人投入到灵长类的研究。目前我们国家研究灵长类动物的组织，是中国动物学会下面的一个兽类学分会。在兽类学分会下面有个中国灵长类专家组，全国大概有一两百人，专门做灵长类的研究，特别是一些年轻人，都对灵长类感兴趣，这也许都得益于读了珍·古道尔的书，她的故事感召了他们，所以从某种意义上来说，珍·古道尔博士就像我们心灵中的一颗星星，或者说是指引我们的一盏明灯。每年灵长类专家组都会召开研讨会，来讨论灵长类的研究和保护。

《希望：拯救濒危动植物的故事》的翻译出版受到了大家的广泛欢迎，这跟珍·古道尔博士直接相关。她专门为这本书写了中文版的序言，同时还特别增加了几个关于中国动植物保护的故事，比如说扬子鳄的保护、大熊猫的保护，云南草海的保护、中国黄土高原的退耕还林，使水土流失得到很好治理的一些故事，都专门收集到中文版里面了。

《希望：拯救濒危动植物的故事》出版之后，得到很多专家和读者的喜爱和推崇。在 2012 年获得了三个大奖：一个是国家图书馆的第七届"文津图书奖"，第二个是第六届"吴大猷优秀科普作品银签奖"，第三个是第二届"中国科普作家协会优秀科普作品奖"。可以说这本书得到了专家的认可。我在网上看了很多的读者留言，也是非常感人的。为什么这本书，还有珍·古道尔在中国能得到不同年龄段人群的喜欢和爱戴呢？我想是因为她从一个科学家的角度，从一个保护环境、保护动物、保护植物、保护生态系统的角度，很早就投身到这项事业里面。这项事业与建设美丽中国这么一个大的目标，是完全切合实际的、完全吻合的。

此外，珍·古道尔的书以及她的事迹，在感召我们、教育我们。在保护野生动植物这个过程中需要人人参与，只有把野生动植物的家园保护好了，我们人类的家园才能够保护好，我们人类的家园离不开野生动植物的家园。这就是我对这本书翻译完了之后的一些感悟，与大家共勉。

黄乘明，《希望：拯救濒危动植物的故事》译者。于 2013 年 1 月 12 日到国家图书馆举办讲座。此文根据讲座内容整理而成。

《希望：拯救濒危动植物的故事》，（英）珍·古道尔著，黄乘明等译，上海科技教育出版社 2011 年版。第七届"文津图书奖"获奖图书。

数学之美

吴 军 杨 早

杨早：欢迎大家来到文津读书沙龙现场，参加吴军老师的《数学之美》讲座。

我最初接到邀请是来做主持人，后来看到海报才发现加上了"对话"二字。而且我觉得这个海报特意夸大了对比差异，比如文科和理科、北大和清华，含有很明显的"挑拨离间"的味道。虽然显示出来好像差异很大，但事实上，今天我们坐在一起要讨论的是一些共同话题，我们要寻找文科和理科之间的共同追求。所以我就在想这个共同追求是什么呢？我要引述一位作家的话，这位作家既是文科生的偶像，也是理科生的榜样——当然吴军老师也是这样——我这里要说的是王小波。王小波在《怀疑三部曲》的序里面讲了一个故事，说英国大哲学家罗素在 5 岁的时候感到非常悲观，因为他看到《圣经》里说一个人可以活 70 岁。他算了一下，发现自己才度过了生命的十四分之一。他在想难道我的一生都要这样度过吗？因此感到非常悲观。但是当他后来学了几何学，体会到智慧为何物之后，他就变得不悲观了。

我很认同这个故事，是因为我自己的感受跟他比较相似。我觉得人大概只有三种时刻会感到热爱生命和留恋人世，一种是当你觉得愉快的时候，有一种说法是好莱坞大片一个重要功能就是让你看完以后想多活一个礼拜，这是基本的愉快。第二种是当你觉得爱的时候，不管是爱异性还是爱家人，总之听说过失恋自杀的，没听说过热恋的时候自杀的。第三种就是当你感觉到智慧的时候，"哲学"这个词在古希腊辞典里就是爱智的意思，热爱智慧。我觉得体会到人类的智慧以及还有无穷的智慧等待我们去追寻的时候，会感到人生不再无聊。在我看来，《数学之美》就是一本爱智之书，下面就请吴军博士跟我们分享一下他关于这本书的思考。

吴军：谢谢杨老师。下面我来谈一谈写这本《数学之美》的初衷和感受吧。先从两个故事讲起，我上学的时候不喜欢老师讲课枯燥，后来就力图让自己讲东西不枯燥，所以先从故事讲起。

第一个故事是关于数学模型。我们中学时代学过一些科学历史，其中提到托勒密，是把他当作一个反面角色，因为他创造了"地心说"。事实上人的认识不是一步跳跃到真理，而是有一个过程。在我看来，托勒密是人类天文学史上第一位伟大的天文学家，可能也是从古至今排在前三位的天文学家之一，很了不起。如果你读历史或者有机会出国参观一些博物馆，就会发现很早的时候，在古埃及和美索不达米亚半岛，人们就已经认识到很多天文现象。比如古埃及人在种植的时候要知道尼罗河什么时候涨潮，涨完以后赶紧种庄稼就会有好收成。在美索不达米亚也是如此，天文学就这样发展起来了。所以说科学的发展最初是人类改造自然的实践，但这是一个非常漫长的过程，可能需要几百年、几千年才能积攒一点知识。后来就有一些专门的人把积攒的知识浓缩起来，比如今年记下2月3日尼罗河潮水退去，开始种庄稼，明年可能也在这时候种庄稼。因此它需要有描述天文现象的数学模型。当时人们发现了两种星星，一种是我们说的恒星，在天上基本不动。还有一种叫做行星，英文有个词叫 planet，希腊语的意思是漂移，因为行星每年的运动轨迹都不一样。如果大家看过《达·芬奇密码》，其中介绍过金星的轨迹相当于一个五角星的形状。人类认识到这一点，接下来要如何把它描述出来？最后托勒密利用前人所有的观察数据，做出了一个"地心说"模型，就是地球在中间，围绕它转的有月亮、太阳，还有另外四颗能看见的行星，以及所有看得见的恒星等，一层又一层，大概套了八层。

跟托勒密同时代的中国有一位伟大的天文学家叫张衡，张衡在我们历史书上是正面形象，但他创造的"浑天地动说"其实跟托勒密的"地心说"是一码事，"浑天地动说"就是"地心说"。唯一的差别在于古代中国不太强调量化模型的必要性，所以最终"浑天地动说"没有上升到"地心说"这样一个可以量化和描述的模型，但是两人对天体的想法是一样的。

托勒密依据当时的数学工具，认为行星以圆形轨迹围绕地球旋转，但他后来观测到并不是真正的圆形。这又涉及他的信仰，像宗教似的对科学的信仰，就是他相信毕达哥拉斯。毕达哥拉斯是古希腊很早的一位数学家，他发现了勾股定理，勾股定理在西方叫毕达哥拉斯定理。毕达哥拉斯认为圆是最美的数学模型。因此托勒密就说行星的运动轨迹一定要是圆的，如果不是圆的，就用几个圆来模拟它，所以大圆套小圆，最多套了几十个圆。如果学过解析几何就会知道，几十个圆套起来，这个方程非常难解，但托勒密在那个时代就把这个方程解开了，很了不起。解完以后他预测得很准，比后来哥白尼的"日心说"更准，但是还有一个很小的误差。以前是说四年中有一个闰年，加一天，但其实应该加大概0.9天，不是刚好一天。这一点小的误差经过了一千两三百年，最后就差出了十天。过去中国农民种地是根据二十四节气，二十四节气其实不是农历，是阳历。西方也一样，类似于二十四节气，比如雨水之后就要播种，春分之后要施肥等。我小时候在四川待过，看过农民怎么种地，如果该播种的时候不播种，很快雨水来了，地就烂了，当年的收成就会有问题。所以差十天是很严重的一件事，这就说明模型不准。

人类的知识是从观察中得到的，继而抽取数学模型。如果模型不准，要想办法解决，一个简单的解决方法就是"凑"。当时有一个教皇格里高利，他就说算一算差出多少天，一千多年差出来十天，那就每个世纪还回去一天，每一百年减少一个闰年，所以像1800年、1900年这些都不是闰年。这样一来好像又少一点，所以每四百年再加上一个闰年，就是1600年、2000年、2400年是闰年。这样会很准，可能以后要几万年才差出一天。这是一个"凑"的方法，得到的就是我们今天用的格里高利历。格里高利是罗马教廷的人，所以东正教和新教不承认这种历法。比如俄罗斯的十月革命，如果按照罗马教廷的日历，它发生在十一月初，可是东正教不承认，认为还在十月。所以这个模型的修正是经验办法的修正，它需要更好的、更根本的修正。

哥白尼提出了"日心说"，当时他发现如果换一个坐标系，以太阳为中心，只要套五六个圆就够了，不需要套几十个圆。哥白尼没有时间根据足够的数据把"日心说"调制准确，所以它的准确性不够，这也成为后来基督教攻击他的一个把柄。当时谁也说服不了谁，这时候意大利有一位很伟大的天文学家，就是伽利略。他发明了望远镜并观测到木星的四个卫星。当时他是由意大利佛罗伦萨著名的美帝奇家族支持的科学家，所以用美帝奇家族的人名命名了这四颗卫星，当然后世还是把功劳给他，称之为四颗伽利略卫星。这一发现证明了除地球以外的星体周围也有其他星体环绕，宇宙中并非只有月亮围绕地球旋转。此外，伽利略观察到金星的盈亏现象，而这只有"日心说"才能解释，"日心说"在这时候基本确立起来。

到了开普勒的时候，就发现如果用一个椭圆来描述行星运动的规律，就不需要大圆套小圆了。所以你会发现好的数学模型是简单的，如果是套了几十个圆的模型，就应该想到可能走错路了。开普勒是很幸运的，在科学研究中有时运气也很重要。开普勒从他的老师弟谷手中继承了大量的观测数据。开普勒在一流的天文学家中资质较差，一生中犯了无数低级的错误。但是他拿到了这些数据，并且很幸运地找到了椭圆模型，只是他的知识和水平不足以解释为什么行星的轨道是椭圆形的。

最后是牛顿解释了为什么星体运动的轨道是椭圆模型，牛顿有一本影响了世界的书叫做《自然哲学的数学原理》。这本书不易读，里面好多解析几何的知识。牛顿是一个划时代的人物，在牛顿之前大家比较相信神学，以此判断事物的对错。比如亚里士多德说是这样的，所以是对的；上帝说是对的，所以是对的。上帝是无法证实，也无法证伪的。但中世纪的人一生下来就被灌输这样的观念，所以人和神是这样一种关系。文艺复兴以后，尤其到了牛顿以后，人们开始认识到天体运行的规律，力学的原理。以前人们是分不清力和惯性、速度和加速度的，直到牛顿的万有引力定律和经典力学架构的出现，才使人们对所有机械运动有了一个完整的认识。他的微积分使人对变化的事物有了认识，他对光学的发展也起到一些作用。所以牛顿之后开始了一个科学时代或者说一个真正的文明时代。在这以后人对社会的认识发生了变化，不再是从几百年、几千年的生活中总结出一点知识，过去说从生产中积攒经验、改进工具，在改进工具的同时经过长时间积累得到技术，再过很多年从技术上升到科学。到了牛顿时代，人们主动利用数学的原理来改进技术，所以说数学的用处从此就体现出来了。

第二个故事是关于我的老师弗莱德里克·贾里尼克，几年前过世的。

自从有了计算机，人类就有一个梦想，用计算机来识别语音。现在可能很多人在用苹果的 siri 系统，其实这个技术在很多年前就有了，但是效果都不好。从 1946 年开始人们提出这个尝试，当时有人说难度可能跟人类登月差不多。1969 年人类成功登月，而当时语音识别只能识别几十个字，而且是孤立语音，像我这么说话是不行的，所以并不实用。当时的做法也是从实践中总结经验，想想人是怎么听到声音的，人的耳朵里对不同的频率有一个传感器，在信号处理上在不同频率要滤波，模拟人的耳朵。人的语言由词构成，词之间可能会有语法。其实中文反而是语法很随意的一种语言。不管是中文还是英语，写很多规则的话，它已经很难覆盖我们的日常用语了。所以即使限定了这些严格的条件，那时候语音识别的错误率还是很高，十个字可能要错三四个。这是不可用的，如果把一篇文章的每三个字抠掉一个字，可能无法还原这篇文章。但如果十个字抠掉一个字，可能填空以后能够还原。

到了1972年，当时康奈尔大学的教授贾里尼克到IBM学术休假，在那领导了一个团队做语音识别实验室。做一段时间觉得还不错，就又做了一年，两年后他在康奈尔大学和IBM之间选择了IBM。他其实不是做人工智能的，一辈子基本上没学过计算机程序，他是做通信、研究数学的，就把语音识别这个问题看成一个通信问题。现在用手机发送一个信号，我们的语音变成无线电波，然后接收人的手机进行解码，解出来以后又还原成语音，这就是通信。贾里尼克说语音识别也是这样，说话人脑子里想了一句话，说出来的是一个语音，语音是一个信道、一个传输，接收人有智能，脑子里又变回了一句话。他说语音识别和通信是一回事，所以就想把通信的模型用到语音识别上。他从世界各地的大学中招了很多很好的博士，就用这个方法来做。到70年代中期，语音识别的错误率一下从百分之三十几降到了百分之十。在此之前，人们按照规则和方法，从40年代到60年代末已经做了大概20年，做不下去了。而贾里尼克用一个很好的数学模型，使语音识别到达了实用阶段，后来经过不断改进，才有了今天我们手机的语音识别功能。所以说在牛顿以后，人类有一个很强的本能意识去改变世界，有了这些工具，让很多问题得以解决。

我最后再举一个小例子。18世纪英国开始了工业革命，工业革命最关键的一项技术是蒸汽机，就是瓦特改进了蒸汽机。在此之前蒸汽机已存在50年了，瓦特第一次接触蒸汽机是要修理它，修半天没完全修好。蒸汽机的效率非常低，体积也很大，大概几吨重，除了煤矿没有其他地方能用，他就要改进它。50年来没有人能改进，因为按过去的方法，靠经验的积累50年是不够的。瓦特虽然是工人出身，但他原来学过钟表，是苏格兰一所大学里修实验室仪器的工程师。他在这所大学里跟教授们系统地学习了力学、数学等课程。在这个前提下，他有意识地利用这些理论作为指导，很顺畅地完成了蒸汽机改造。

回到《数学之美》这本书，为什么要写它呢？现在是信息社会，你可以闭着眼睛想出一些方法，这些方法有些有效，有些不是那么有效，你可以花很多时间来把它改得有效。但是如果你有一些更好的数学工具，就可以直接地找到这些正确答案。所以这是我写这本书的一个初衷。

杨早： 我在看这本《数学之美》的时候确实对大量的数学算式感到很头疼，但是这并不影响我读这本书得到的收获，我觉得有很多基本的道理是相通的。比如说关于究竟是寻找一个简单有效的做法，还是寻找一个完美的做法，实际上不管是对于文科还是理科，这种原则都是我们应该去思考的一个问题。我现在就我自己"读书有得"和"读书有惑"这两个方面，各举一个例子来请教吴军博士。我特别喜欢谈全球导航的这一章，因为我们都在使用全球定位系统（GPS），不管开车，还是走路。我估计大部分人都不知道它的原理何在，就是为什么它能帮我们找到一个地方。所以吴军博士在里面详细地描述了它是怎样寻找到你输入的不确定的地址，以及它是怎样把一个很长的路程分解成多个短路径加以复合计算，最后实现动态规划，可以比较快地得出一个结论。

我当时看书的时候马上想到一个问题，其实这在我自己从事的专业里面已经在应用了。比如说我出版了一本关于1911年辛亥革命的书叫《民国了》，实际上我在写作的时候，在考察材料的时候，有意识地开始考虑一个问题，就是如果我们知道10月10号的起义发生在武昌，当这个起义的信息往外传播的时候，它是遵循一条怎样的路径，它又得到了当地怎样的反响。如果按照这个思路去考察的话，会发现传播路径在长江沿线，因为长江沿线当时的铁路、天线和水运都比较发达，也就是说信息比较容易快速而准确地传达到这些地方。整个江南地区的抵抗都是比较弱小的，很多清朝官员要么投降了，要么逃跑了，总的来说江南地区的战争相对较少。但是当这个信息往北传递的时候，在北方地区遭到了很强烈的抵制，甚至包括像甘肃的沈勇这个人，他在已经收到了宣统皇帝退位的消息之后，仍然不停止和革命军作战。这就很有意思，你会发现在短途的传递当中，信息处于人为或非人为的原因，它会产生怎样的转变。如果我们一下子就从武昌谈到甘肃的话，可能没法得到一个真实的历史轨迹，而是需要把它拆分为不同的地域。这一点其实大家很难注意到，因为我们知道历史书是很简单的，比如《中华民国史》给辛亥革命的只有一章，其中提到各地革命的只有一页，每个省份可能占不到两句。所以在这种情况下，很多东西被遮蔽掉了，而这种遮蔽影响了我们对整个历史的认知和想象。因此如何把信息复原，以尽可能多的信息去得出一个结论，这是我们可以努力的一件事情。

我还想到一个问题，大家都知道今年很热门的一件事是抓谣言，在我们的生活中确实不断地受到谣言的干扰。前几天我还听同事说，12月5日日本的

3D影片《贞子》将在南京上映，而这一天是南京大屠杀纪念日，我们要抵制它，让它零票房。我说你知不知道这个谣言已经传了七年了，你还相信。这很有意思，我们在不断辟谣，在反对谣言，但谣言仍在不断的运作当中，其实它是有规律可循的。我有一个同事是专门做谣言考察的，他已经考察出了很多谣言的模式，比如有些谣言在每次地震或水灾之后都会同样流行。所以有没有可能使用数学的方法，让我们将来输入一个关键词就可以搜索出来它到底是不是谣言或者是何种谣言。我觉得这也是一个可以考虑的思路，因为可以解决生活中的很多困难。

现在我要讲一个疑惑。吴军博士在书中谈到书法，第二十一章叫做拼音输入法的数学原理。对这章的原理我没有任何疑问，但是吴军博士描述了一个轨迹，就是输入法是从拼音到形码输入，再到拼音输入的这样一个发展轨迹。为什么呢？最后您的结论是说因为拼音输入法的门槛低，然后我们又找到了可以解决快速输入的一个方式。我看到这里的时候很疑惑，因为这跟我的认知有一点差异，拼音输入法改变了很多。有一次去我导师家，因为我导师是学问大家，他跟我说最近开始提笔忘字了，而这恰恰就是拼音输入法带来的一个后果。如果说从让更多人能够尽快进入中文输入这个门径来说，拼音肯定是一个比较好的策略，因为它快、门槛低。尤其是全拼，它不需要记忆，学过拼音的人都可以输入，这对于很多人来说是非常简便的。回到中国文字的特性来说，因为中国几千年以来它的语言变化非常巨大，现在去听人用商周时候的语调来读《诗经》，根本听不懂。但是文字我们看得懂，是因为中国的文化传承本身带有一个形体记忆，就是字形的记忆。我当年首先选择自然码，然后开始学智能ABC，但是后来被一位导师当头棒喝，说你不能这么做，作为一个学中文的人必须要学形码。为什么？因为我们要知道字形即可得出这个字。这是他认为的一个方向，相对而言我是比较赞成的。我现在保守地认为，至少学文科或者需要文字输入的人，应该偏重形码。

确实如您所描述的，因为形码的发展前途的广泛应用性出现了问题，所以我们现在不断地完善音码使其更加便捷，比如说有的输入模式可以通过字形的描述来得到一个生僻字，但是已经没有人去研究形码的可改进之处了。其实对这一点我是挺忧心的，因为我觉得当你想到一个词的时候，在脑子里反映出的到底是它的读音还是它的字形，这其实是一个很大的文化差异。今年汉字很红，从《汉字英雄》到《中国汉字听写大会》，大家都在讲一些生僻字。但如果这些不能跟日常应用结合起来，在电脑里你想的都是读音而不是字形的话，它会不会对中国的文字记忆的传承产生一些伤害？这个问题提出来请吴军博士回答。

吴军： 直接说答案的话，这对文字的传承是会有非常大的影响，这点是肯定的。但是有些时候是否能避免，我不知道，我讲另外一件事。

文字在产生初期实际上有两种，一种是古埃及的象形文字、中国的甲骨文。两者非常相似，比如太阳等字基本上相近。还有一种是美索不达米亚的楔形文字，它实际上是一种拼音文字，但是是很复杂的拼音文字，或者说介于象形文字和拼音文字之间，更偏向于拼音文字。后来有一些做生意的阿拉伯半岛的人叫做闪米特人，现在有两个后裔，阿拉伯人和犹太人。当时闪米特人有一个很重要的分支叫做腓尼基人，腓尼基人就学会了美索不达米亚的楔形文字。他们比较懒，就跟我们今天懒得学难的输入法一样，就想学拼音。最后简化出24个字母，这就是今天西方所有罗马式拼写语言的祖先。这带来一个什么结果呢？后来他们的文明很难被破解。古埃及文明的破解是根据一块石头，叫罗塞塔石碑。这块石头上有三种文字，古埃及的象形文字、拼音文字和古希腊文字，希腊文字大家是认识的，就可以对应着猜。当然也猜了很多年，因为有时候不是一一对应，但是破解得比较快，以至于我们今天对六千年前埃及文化的了解要多于其他很多文明。其中一个重要原因就在于它能根据形状猜。楔形文字留下了几万块泥板，上面有一些数学公式或者天文学知识，等等。它很难破译，因为没有形，它是偏向于拼音的。有的学者三十年破译了五块泥板，破译了这五块泥板以后对破译其他泥板没有太大帮助，所以这是拼音文字的一个问题。有了信息论以后就可以进行统计，后来就破译得很快了。但在18、19世纪没有信息论的时候，这是一个很大的问题，就是说信息和我们日常的经历没有一个冗余，而象形文字有一个冗余。比如嘉宾的"嘉"字，上面一个像"豆"似的，下面一个"加"，实际上它告诉你意思，也告诉你读音，它是从几个维度来形容这个字。所以从数学角度、从信息论的角度来讲，信息的冗余对保留信息是非常有好处的。一旦变成拼音就没有了这个冗余，唯一的方法就是根据上下文，而且必须有上下文，不能只有一个字。没有了冗余当然就简单快捷，但同时保存就难，一代一代传承的时候就跟DNA复制似的，复制一点丢一点，复制到后来细胞不对了，血管也硬化了，就会出现很多问题。这样一个有冗余的文字让它丢掉一部分，我觉得是一个遗憾。所以可以留给大家一个开放的问题用来思考，如何找到一个好的解决办法，来平衡日常使用的方便性和将来文化传承的保真性。

杨早：对，这个事情是比较复杂的。稍微有一点年纪的人可能知道我们曾经公布过第二批简化字，极其简单，但最后为什么废掉了？我觉得就是像您说的，它过度地去掉了信息冗余，完全破坏了文字的美感。

吴军：去掉太多冗余就很难容错。

杨早：对，它的容错率就低。所以我觉得这是一个不管是学什么专业都可以共同思考的问题。

目前社会在价值观上存在一些问题。大家都知道前段时间由于英语和语文的高考分数比重产生了变化，就有一堆人提出一个口号，叫"数学滚出高考"。本人数学一直不好，数学是我唯一一门请过课外辅导老师的学科，而且我的老师一直很遗憾地说，如果我高考的时候数学能够多得十分的话，就应该是所谓的省高考状元。但是我本人是非常反对这个口号的，因为我在重新思考一个问题，什么叫文化？我比较同意阿伦特提出的定义，文化包含两个部分，一部分是培育和改变自然，使之适合人类居住，当然主要是科技工程在做这件事，包括搜索更便捷、输入更便捷，都是让大家更好地生活。但是注意是培育，不是去掠夺自然。培育和改变自然，让人类更好地生活。还有一个部分，因为文化这个词最早在古希腊语里面有照料的意思，也就是说文化包括了我们要照料、照管我们的社会和历史。如果没有历史的话，人类无法取得纵深感。所以他又说，判断一个人有没有文化，其实最重要的就是看他面对那些最有价值但又最无用的东西是什么态度。因为提出"数学滚出高考"的一个理论依据是我们用不着，我们会算账就行了，知道买东西多少钱就行了，我们为什么还要学数学？其实这种对所谓无用之物的摒弃让我特别痛心，因为以这个理论来说，人类很多知识其实都可以抹掉。如果一个人要快乐而愚蠢地活一生的话，他需要的知识其实很少。但是为什么我们需要更多的知识？我经常这样说，你需要借助一些东西来确定你在整个社会，甚至整个历史当中的位置，你需要借助它来想象，然后就会比较安心地把自己放在那个位置上。数学也好，历史也好，文学也好，它们看上去好像没什么用，但是如果能够掌握的话，用就不说了，吴军博士这本书里写得很清楚，学会了数学，你能知道它有怎样的用处，同时也培养你的思维方法，即使它显得那么无用。所以我想请吴军博士谈一谈数学的无用之用，假如说我们不当程序员，不搞搜索，那么数学有什么用？

吴军：这跟很多人下围棋一样，下围棋有什么用处？下围棋可以培养脑力。回过头来讲我对教育的认识，因为我过去十年在大学里教课，每年学校要开两次怎么教课的会。古希腊的教育就不讲了，我们讲近代英国，如果参观过牛津大学或者剑桥大学，跟他们聊一聊校园生活，你会发现它实行学院制，像牛顿来自于著名的三一学院，或者你看到剑桥里很漂亮的教堂，它属于国王学院。这个学院不是我们今天说的工学院、理学院、文学院这个概念，学院实际上是学生的一个大宿舍、大社区。比如说你的成绩很好，被剑桥大学录取，录取以后还会有一个学院接收你。这个学院由未婚的教授和学生组成，教授和学生共同管理，学生中有一个代表来参与管理，牛顿就当过这样的学生代表。大家一起吃饭、做祈祷，国王学院的大教堂就是用来做祈祷和聚会的。学生们平时该到哪个系上课就去上课，学自己的专业知识，所谓将来有用的知识。回到学院做什么呢？这又涉及当时一个大主教，牛津的一个主教叫纽曼，他有一个大学的理念，学习是一辈子的事，学习的能力和本领很重要。他就说年轻人吃住都在一起，甚至教授都住在一起的话，会有一个互相学习的动力，这很重要。如果看一下牛顿在剑桥求学的历史，会发现他知道的东西比导师都多，他的观念跟导师不一样时，就去跟另外一个老师学习。然后他就使劲看书、使劲钻研，可能有些东西有用，有些东西没用，但是知识积累就在这了。英国今天依然保留了这一体制，当然这个体制的成本很高。

我在想，他们在这个学院里学到的都是无用的知识，但是这些知识对他们一生的影响可能会很大。书本上学到的知识可能会过时，比如说计算机发展快，我在清华学的一些编程语言，现在已经没有人用了。但是你学到一些基本的方法以后，工作以后拿一本书翻翻，还能够往前走。如果没有这个基础，就好像两条腿中缺了一条，行进很艰难。所以数学起到的是基础作用，比如说数学最用不着的可能是立体几何，立体几何唯一的用处是什么呢？就是培养你的空间想象能力。如果有一天你设计游戏就会发现它可能有用，虽然做游戏不会让你证明立体几何任何的命题。我看很多人在用苹果手机，因为乔布斯当初的设计很好，在艺术和工程的结合点上，我至今没有看到一个人超越他。他不是一个完全的工程师，他的艺术从哪儿学来的？乔布斯大学的时候没学什么，他不上学是觉得具体的一门门课没有用，他学书法，谁也想不到他最后能达到这个境界，是书法这个看上去很没有用的东西帮助了他。这是我的感想。

杨早：我觉得乔布斯的三个原则，就是简单、实用、优雅，其实可以用来衡量很多事物。我读《乔布斯传》看到这一段的时候，马上想到严复说的"信、达、雅"这三个字，其实是同样的道理。信和达是基本的东西，也是"有用"的。但是雅是一种很难言说的感觉，往往就是这方面的差别使你成为无法超越、被人模仿的对象。我觉得不同学科的交叉，文理科如果能够合并，会是一件很大的好事。我在比利时碰到一位人民大学毕业的师姐，她就说到了欧洲之后才知道理科也要学人文，大家总觉得"学好数理化，走遍天下都不怕"，其实走遍天下还是很怕的，如果没有人文知识打底的话。

吴军，《数学之美》作者。于 2013 年 11 月 23 日到国家图书馆举办讲座。此文根据讲座内容整理而成。

《数学之美》：吴军著，人民邮电出版社 2012 年版。第八届"文津图书奖"获奖图书。

杨早，文化学者，北大博士，现任职于中国社会科学院文学所。著有《清末民初北京舆论环境与新文化的登场》《野史记》等。编有"话题"年度系列等，译著有《合肥四姊妹》。

信息与文明

高　博

《信息简史》2013 年 10 月出版。原著书名是 *The Information*，本来就译为《信息》，看完整本书的内容以后，更改为《信息简史》。本书的主要价值，跟一般的介绍信息的一些比较具体的概念和应用的书有很大区别，它主要从信息的视角，对整个人类文明史做出回顾和总结。

同样是人民邮电出版社出版的《文明之光》，作者是第八届"文津图书奖"获得者吴军博士（获奖图书是《数学之美》），同样是围绕文明和信息两大主题。文明和信息成为一个热门论题并不是偶然，因为现在信息已经渗透到人民生活的方方面面。20 世纪 80 年代，信息对于广大人民群众来说，感觉是一个在大学里研究的课题，是一个高深的话题，这跟信息工具接触得比较少有关。但是现在，几乎每个人都有一部智能手机或者是一部智能电脑。所以大家自然而然就会想到：需要回头追溯信息本身是怎么回事。本文的主题定位是信息与文明，实际上就是从信息的视角探讨人类文明史。

首先，什么叫文明？有人认为从科学发展角度来说，从一种懵懂无知的状况，到了一种比较发达的状况，叫做文明。《信息简史》这本书跟文明没有直接的关系，吴军博士的《文明之光》对文明做了一个定义：文明，实际上是跟城市的出现有关，出现了以物易物，大家不再只靠自己的劳作，而是把自己的劳动产品变成商品，然后出现了城市，这才出现了文明。实际上，从文明的角度来看，这似乎有一些局限性。因为首先城市出现的话，感觉是跟人类特殊的群体相关。有两种文明，一是远古文明，一是河外文明。河外文明就是银河系以外，用望远镜能够看到的一定范围之内的文明。远古文明一直都是大家非常喜欢谈论的话题。比如亚特兰蒂斯文明。

文明到底是什么？以下两张图，我们会本能地觉得这应该是有文明痕迹的存在。

图1　远古文明　　　　　　　　　　　图2　河外文明

城市的出现，包括交易的出现，并不是文明的一个判断的标志。左图中是古代文明留下的遗迹，我们看到后就会觉得有文明存在。再看右图，可能是河外文明，但是无法证实，因为它离我们太遥远了。但是我们看到这幅图后，同样会觉得它可能有文明痕迹的存在。因为当你看这个图中河外星系的时候会发现它有两个光点，有两个不一样的聚集。本来星星是均匀分布的，如果出现聚集，可能会有行星，可能有文明存在。这两幅图有一个共同点，就是都具有一些让人意外的东西。如果大家看到后觉得没有什么与众不同，就会觉得没有文明存在；但是如果发现了哪怕一点点不同的东西，我们都会觉得这里面可能有文明。

对于已知文明，如何去衡量一个文明的发达程度？一般而言，有这样几个参考指标。一是生产力的高低。有高楼大厦的地方，我们会认为这个地方文明程度比较高；到处都是草房子的地方，文明程度就会比较低。二是协作程度的紧密。一个手工编织的篮子，这种文明程度可能比较低；但是制造一部智能手机，需要经过上百道工序，每个工序之间，接口必须统一，流水线要一个接一个，这种文明程度就会比较高。三是创新意识。比如说，原始部落，几十年上百年都在做箭头打猎。但是如果到美国的航天中心去，你会发现每天都会有成百上千的新型东西，利用一些新的成果，比如说风的动力，比如说新型演算法之类。所以我们就会觉得这个文明的发达程度比较高。

但是反过来想，生产力高的基础要素是什么？生产力高意味着对事物的认识比较深。对于同一块煤，在文明程度比较低的农村，人们把它当作蜂窝煤烧掉，煤渣扔掉；但是在煤炭研究院，煤炭是非常宝贵有价值的，可以蒸馏变成煤焦油、可以变成多种极其有用的化工原料，等等。这一切，都源于煤炭研究院对煤炭的认识比较深刻，可以将它变成生产力高的东西。同时，处理方式也很多。同样以煤为例，把焦炭生产出来了以后，用它作还原剂冶炼金属。究其种种，最根本的一点是，对事物的认识很深。进一步就是，对生产原料、生产工具和生产产品，拥有了更多的信息。而信息的根本实际上是一种表示。在我们眼中的煤和石油是非常不一样的东西，但是如果用一种统一的东西来表示，发现他们都是碳氢化合物。认识一旦提高到这样的高度，生产力就会比较高。

协作更需要信息。过去，手机充电很困难，诺基亚是小口充电器，摩托罗拉是方口充电器，其他的又不一样。现在这个问题已经基本上得到解决，因为几乎所有的手机都用了同一种接口。所以协作，也大致类似于此。每一种工业，在达到比较发达的时候，基本都是有统一标准的。再比如，1990年左右做软件开发和软件测试是很困难的，因为大家都是在各行其是。这个公司提供一套自己的软件库，另外一个公司又提供另外一套，大家都在做差不多的事情，但是用的接口不一样。其实直到现在，有开源软件，也有商业软件。但是在语言和代码库基础之上，已经达成了一致。

我们基本上可以得出一个结论：协作也是需要信息的，需要信息的统一的表示。至于创新，大家一提到创新都有种感觉，做不一样的东西叫创新。就是觉得与众不同才是创新。但是事实上，真正搞创新的人都知道，创新有个非常隐含的前提，创新是在稳定的基础上进行的。如果有一个工业，或者一个产业，现在还完全没有统一的标准，那何来创新呢？大家都在各行其是的时候，就没有什么创新了。以手机为例，大家都觉得手机就是用来打电话的。诺基亚做到了从5层楼上摔下来都不会坏的程度，这个时候iPhone才会成为一个创新，一部智能手机，要像电脑一样运行软件。由统一的平台运行软件，并且可以到统一的苹果商店去购买，这才是创新。如果没有诺基亚带来的大家都已经意识到的、对手机需要的事实，那么智能手机也不可能成为一个创新。所以创新有这样的一个前提，即已经有基本的信息的出现，才会有所谓的创新。

创新其实有两个基本的前提或要素：一个叫做重复，一个叫做模仿。

当已有的东西被摸深摸透，自然就会发现创新的点子像泉水一样涌出来。如果你还不了解别人，那么你做出来的东西，即使有一点点表面上的不同，也只会给人一种山寨的感觉。因此我们知道，判断一个文明是否存在的依据，实际上就是他向外释放的信息。如果在一个所谓的泛文明的框架下来谈论，怎样判断一个文明的存在和信息的时候，一定要摆脱我们人类的一个基本限制，因为文明多种多样，并不一定是有形的形体，并不一定是一种所谓的碳基文明。

我们全身 95% 可能是水，其他的可能是一些碳氢化合物。但是其他的文明物种可能完全不同，可能是液氨，甚至是液态甲烷，甚至在那种炙热的星球上，有可能是一种熔化的金属。就是说，一些文明，包括尺度上，可能跟我们人类有很大的区别。我们现在只有一米多高，巨人可能只有两米多高，但是，是不是有可能出现其他尺度的文明，是说不好的。

比如我们身体上面的一点点的灰尘，对于比我们尺度小的文明来说，可能就是一个星球。同样我们看到的星球，对于更大尺度的文明来说，可能就是一粒灰尘，这是完全有可能的。在泛文明的框架下，完全没有必要按照我们自己的理解来想象一切外星人。但是不管什么文明，只要是个文明，有一点是可以肯定的，他一定是在做一些事情，在做一些表达。这个表达，一定是可以通过信息的手段来获取的。否则就不能称之为文明。从文明的发达程度来看，一种文明只能做一件事情，信息量就很小，那么发达程度就很低。无论他所做的事情在我们看来有多么了不起，比如毁灭恒星，我们仍然说它的文明程度还是不如我们。

文明的发达程度的标准，实际上也是以他利用信息，以及能够利用信息来做的事情为依据的。包括利用信息进行协作、生产，或者做些不一样的事情，或者是信息本身能够产生更多的信息。这样的文明程度比较高。

回到我们人类自身，看过《信息简史》的人都会发现，第一章有一个很让人们意外的地方，或者是一个不可思议的内容。他们说非洲的城市，跟我们这边没什么太大的区别。我曾经特意到部落里面看敲鼓，然后我问他们真的可以用这种鼓来通信吗？他们说真的可以，在赞比亚、毛里求斯这种东西已经基本上消失了。基本上，只有在一些特殊场合下使用，并且由一些比较特殊的人群掌握。

非洲的会说话的鼓，是欧洲人觉得不可思议的一种东西。因为欧洲文字出现得比较早，印刷术出现得比较早，通信也比较发达，那时已经有电报了。欧洲人在非洲发现，非洲人会用敲鼓来传达信息，并且这种通信的速度非常快，是通过声速传输的。因为在当时的欧洲，电报还是一种非常稀罕的东西，主要是通过邮差来传递信件。现在都不怎么寄信了，可能大家还有印象，在过去寄信的年代，从北京到上海，寄一封平信需要两三天。但是如果靠这个鼓，一站一站往下传，从北京传递到上海，可能只需要一两个小时。所以欧洲人觉得非常不可思议。欧洲城市和城市之间的距离比较近，国家和国家之间的距离也比较近。在城市和城市之间传递信息，需要半天到一天的时间。但是他们发现非洲人传递信息速度很快，比如说有一个村庄里面生了孩子，只要敲一下鼓，几十里之外都知道了，尤其在夜深人静时候传得更快。欧洲人就感觉非常的不可思议。因为通常来说，敲鼓是不能传递很复杂的信息的。比如说话，有很多音调，有很多音速。但是为什么敲鼓可以传达这些信息呢？因为非洲鼓有两头，一头是高音一头是低音，只要敲高音和低音，就能够传递信息。如何能够做到这一点？比如他传递"月亮"这个信息，他不只说月亮这两个字，月亮这两个字，可能是只有一高一低或者是两个高一个低。这种两个高一个低的词很多，对方并不知道他在说月亮。他会说"月亮——那俯视大地的东西"这么长的一个词，这样就可以准确表达。这种叫做引入有余来传递信息。

欧美人很少用音调来区分不同的词。但是我们中国话是有四个声调的。比如说"你好"，如果我现在不说话，我只发出声调，大家听不出来什么意思，只能听出来"你"是第三声，"好"也是第三声，都是第三声你听不出来什么意思。但是如果说一句很长的话，就很有可能被听出来。结合上下文，结合特定的场合，再结合一句很长的话，大家很可能就能听得懂。这就是非洲说话鼓的一个原理，是通过引入额外的信息，用比较啰嗦的长句，来达到信息传递的目的。但是这点，欧洲人始终理解不了。比如说美国人可能在疑问句的时候，会升一下调，在说陈述句的时候会降一下调，但是他不能够区别升调和降调。

所以他们反而在这种基础的通信上，落后于非洲人，因为非洲人是直接把说的话就这样传递出去。而欧美人比较擅长的是后面的表达，必须要有一个字母表，必须要通过一个东西。比如说我们中国人，可以不识字，但是不妨碍你可以听懂话。农村的文盲老头老太太多的是，但是并不妨碍正常的交流，她不需要识字，她根本不需要有中间的表示，就可以达到交流的目的。所以在这一点上，非洲反倒是信息超前发展的，信息是超前于它的文明的发展的。

与前面的相对比会发现，生产力不高，文明程度其实可以很高。这是一个比较罕见的现象，所以用整整一章的篇幅来讨论。其实是想在一开始给大家一个矛盾的印象：信息和它所代表的文明的发展程度，有时候是不一致的。作者一开始并不是告诉你信息是怎么回事，信息要怎么样表示，反而举了一个反例，让我觉得是一种很高超的写作方法。所以我在探讨信息与文明的时候，也把这个当做一个例子。

我们可以看到，我们跟非洲人实际上有的时候距离是很大的。我们可能发展的程度比较高，他们的发展程度比较低，但是他们就可以通过这种敲鼓的方式，来达到通信的目的。如果我们把想象的翅膀稍微往远处延伸一点，如果遇到一个外星人，或者说一个我们对它了解甚少的一个文明，其文明程度发展到我们根本就无法想象，我们应该怎么样跟他打招呼呢？或者我们应该怎样跟他建立沟通的方式呢？非洲人的沟通方式，可能会给一些提示：用图形，用音乐，或者是用一些我们造出来的一些信息传播的方式、表述的方式。这个议题可能对于我们现在来说，是一个不太日常的话题。因为我们很少会考虑到，家里如果闯进一个外星人该怎么办的问题，对于人类而言是一个非常难说的话题。大家有没有想到我们现在安定的生活是怎么来的？是因为我们处在地球生命食物链的顶层。如果人类遇到猛兽，没有枪的话就完了。实际上是我们在吃猛兽，不是猛兽在吃我们，这是因为我们有各种各样的方法。但是如果面对外星人，这种情况是不是还会一样维持？比我们更高等的外星人光临地球的时候怎么办？所以我们会开展航天活动，比如登月、登陆火星等等。

从月球回来的载人火箭，或者到外星去过的人，回来做的第一件事情是严格的消毒，要避免从外界带回一些东西。因为我们根本不知道怎么去对付这些东西。美国航天局把人类和外星文明的接触分为四类。第一类接触就是外星人。第二类、第三类、第四类接触，分别减弱一点，接收到他们的信息，就是怎样跟他们打招呼。NASA 每年投入大量的资金在研究这个问题。为什么？最最重要的一点就是防止地球被毁灭。听起来是一件很科幻的事情，但是事实上NASA 是把它当作一个很严肃的课题来研究的。我们要释放出我们有能力知道信息的信号。

如果外星人知道我们有能力知道信息，有能力来传播信息的话，他是有可能跟我们交谈的。我记得《三体》里面有一段给我的印象特别的深刻。在第二册里面，人类跑到四维空间里面去了，碰到了一个外星生物，碰到了一个外星文明。他发射过去一个矩阵，然后在矩阵的基础之上，再夹杂一点信息，这样实际上完成了两个非常重要的任务：一是标识自己，把矩阵本身做了他自己的一个标识，再把夹杂的信息一起发射出去。一旦沟通上以后，马上发过去一个叫做罗塞塔系统的东西，就是人类文字的最基础的一套系统。发过去以后，两个文明就能够对话了。

从《文明之光》里看出来，如果把生命出现到现在所有的时间，浓缩到12 个小时，那么人类是在最后一分钟出现的。这最后的一分钟，还是最后的几秒钟，才有了今天这样的科技成果。所以非常需要反思的一点，我们意识到，我们不是一开始就是这样的，二十世纪七八十年代还不是这样。到底文明的根基是什么？我们发现文明的根基是信息，不管你是人类，还是非人类，还是什么样子，还是人类自身从低级到高级的这样一个文明的发展阶段，全部都是要靠信息作为基础的。大家有可能会参与到很高等的项目当中，可能是载人航天，或者是外空间的探索，表示和处理信息的能力，是永远都不会过时的。

在泛文明的框架下，怎么样能够更加容易地定位和找到外星人？宇宙本身是非常均匀的。在很大的尺度里，只有背景微波辐射，是非常非常寂寞的一个世界。如果突然发现有一个东西在发出不同的频率，打破了背景辐射，可能就会认为这里会有外星人。事实上，NASA 已经派出了一个找朋友的宇宙探测器。做的是类似的事情，放的是巴赫的《十二平均律》，可以在《信息简史》里看到一些比较详细的内容。基本上而言，就是把巴赫的音乐在宇宙里面播放。巴赫的《十二平均律》是非常讲究的，在乐理学上，叫一环套一环。如果弹琴的话，都知道是 do、re、mi、fa、sol、la、si 对吧，还有五个黑键，这样构成了 12 个音。但是中国的音乐是缺音的，只有宫、商、角、徵、羽五种声音，相对西洋乐是 do、re、mi、sol、la。巴赫是把音阶找得比较准的。这样发射出去，如果外星人接收到这个信息，可能不会觉得这是一个音乐，但是他至少知道这是明确的信息表达，所以这个就是真正的，我们在寻找外星人的过程当中，实际上做的一件事。

信息，对于人类的早期文明的发展有一些推动。《信息简史》这本书一共15 章，有一个副标题，叫 *A History，a Theory，a Flood*，中文版没有写出来。其实我一开始是把它译成"一部历史，一篇理论和一股洪流"。这本书实际上分成三个部分。前面六章讲的是 history 的那个部分，第七第八章讲 theory 这个部分，就是信息论。最后一部分是 flood。这个大家有争议，有些人认为十三章、十四章才开始说的。flood 给人感觉好象是洪水、洪灾，把一切都冲垮的感觉，可能暗示的东西是，我们现在已经被信息淹没了，快要被信息淹死了这种感觉。但是我觉得 flood 是从第八章、第九章就开始了。实际上他反映了确实是一种势不可当的洪水，我觉得它基本上是正面的，反映的是对传统学科的一种颠覆。第一部分，信息怎样推动人类历史的发展，就是 *history* 部分。第二部分，信息怎样对传统学科形成一个势不可当的颠覆。这些学科，在信息论出现之前是什么样子，在信息论出现后，她们完全改变了面貌。这就是 flood。

最后一部分，在信息时代，大家是怎么样的，就像生存手册一样。

先讲信息对于人类历史的推动。一说到信息大家感觉就是电脑，至少是一个计算的东西。但是事实上，信息有它的更早的表现的形式。

语言和文字，图画和色彩，都是信息很重要的表现形式。但是它们还不是最简单的形式。声音其实也是一种形式，但是还不是最简单的。信息最简单的形式实际上就是判断，这件事情是 1 还是 0，是是还是否。我们在做判断的时候，比如说今天出了门以后我是往左走，还是往右走，这实际上就是一个信息。就是我需要做一个判断。这种信息是稍纵即逝的。现在为什么大家有一种意识，就是合同意识。虽然口语可以表达信息，我可以表达信息，生命发展了几十万年，包括大猩猩也会表达一些信息，它也会做一些手势，但是为什么只有人类能够达到这么发达的程度呢？很重要的一点，人类的语言都可以写下来。大猩猩永远都不会记住我昨天干了一些什么，它是没有办法写的。实际上人类会说话已经有很长的时间。根据考古发掘，人类可能几万年前就会说话了。至少一两万年前肯定就会说话了，但是他没有写下来，我们就不知道他做了一些什么。

在中国，实际上最早发掘出来的文字记载，是公元前 800 多年商朝的文化。在此之前的，大家只能是猜。殷商有灿烂的一些文化，主要是通过孔子记载的。但是由于没有文字记载，更早的东西都已经消失了，都已经不知道它原来是怎么样的。孔子在《论语》中说过夏礼不足征也，但是夏礼是什么样子？没人见到过。但是周礼大家有可能知道。因为周那个时候就已经有文字了。尽管这些文字都是甲骨文，都是一些很难懂的文字，但是毕竟是有文字的，就把它记下来了。

口语也能传达信息，但是用文字记下来，并且形成一种大家都能够看得懂的文字，有很大的意义。我不需要认识你，你甚至不需要活着。现在有很多古希腊的东西都已经失传了，但还是流传了一些柏拉图或者是亚里士多德的东西。柏拉图不知道已经死了多少年了，但是我们现在还是可以看到他们的著作。这个就是文字很伟大的一个意义，一旦写下来就不会变。有一个哈佛的语言学家说过，通过文字，往世者可以向来世者说话。我们自己的肉体可能过了几十年就消失了，但是通过我们写的书，可以向来世者说话。还有现世者可以向过世者说话，可以听到他们的话，就像我们现在仍然可以听到亚里士多德和柏拉图的话。

　　这是很重要的一点，叫代际流转。口语是积累不起来的。我们现在可以看到一些小剧种很困难，想保存下来很困难。所以文化挽救工程，就是为了把这些东西给录下来，把这些很小的，那种只在一个村里面流传的，不向外传的这些传下来。人实际上都是很脆弱的，不知道怎么可能就没有了。但是如果把它记下来，我就可以一遍遍地去读，并且可以积累。这一点可能在自然中，或者说是数学里面是最明显的。一开始一个人提出来的思想可能是非常粗糙的。我们现在把高斯捧得很高，当然这些人确实是很牛，但是现在看到的这么完美这么精美的结果，不是他们一开始提出就是这个样子的，而是他们提出来这个思想的核心。牛顿写的东西，现在来看，简直是漏洞百出，包括微积分，连极限是怎么回事都没有说清楚，但是我们仍然说，他是微积分思想的一个提出者，或者是一个思想的来源。但是微积分一开始不是现在我们看到的样子，就是因为牛顿出版了他的《自然哲学的数学原理》，然后经过一代人一代人打磨。牛顿的学生泰勒提出来一些很重要的东西，比如泰勒展开。包括后面对微积分的一些打磨。直到现在我们觉得微积分已经是无懈可击的东西，至少对我这个非数学专业的人来说，简直已经超过我的理解能力了，已经太复杂了。

　　假设我们现在没有文字，假设牛顿只是跟他的学生泰勒说了一下，我今天想到了一个东西叫微积分，我跟你说一遍，然后泰勒就记了一下，然后他又跟其他的学生再说一遍，到今天肯定不可能还有微积分的存在。大家都做了一些实验，同样的一句话，从第一排传到最后一排，完全是大相径庭，完全是不一样的。口语是非常非常的不固定。猜谜、魔术，都是让你先写好揣在口袋里面，然后你能猜准，这才算你牛。所以书面文字是信息的一个固定器。做生物实验的都知道，一个不稳定的培养基上面，是没有办法做大型生物培养实验的。化学也不行，得需要在一个稳定的培养基上面，才能逐渐地长出来所要的那个东西。对于信息来说，什么东西才是固定剂？就是文字。

　　你有了1，我们就可以有2；你有了10，我们就可以有100；如果你始终是0的话，是没有办法的。其实最早形成于文字的东西有两个：一个叫做《荷马史诗》，一个叫做《圣经》。为什么这两部作品直到现在还是广为传唱，就是因为这是最早形成学术文字的。在那个时候，实际上包括埃斯库罗斯在内，他们都写了很多历史，或者是历史剧，到现在大家都不知道是什么样子，只知道一定很牛。时间上暂时没有办法逆转，所以只能就是这样。

　　这就是信息的一个作用，叫做固定作用。接下来又出现一个更重要的东西，字母表。文字实际上是有两套渊源的，一套叫做象形文字，象形文字发展到今天，就是汉字。比如汉字的水，其实原来就是三个像 S 一样的东西。如果把汉字印成字母表的话，在所有文字当中，字母表是最大的，所以外国人学汉字都是很头疼的，觉得你们中国人太牛了，几千个都能记得住。他们只能用另外一种办法，就是所有的单词，都用同一套东西来表示，这个东西就是字母表。我们现在看到有拉丁字母表，这是最常见的。现在还有一些比如说叫斯拉夫的字母表，俄罗斯、乌克兰都用斯拉夫语。但是，根据考古发掘的一个发现，人类的字母表只被发明过一次，现成的所有字母表，全部都是以上字母表发展而来的。所有的字母表里面，不管是用希腊字母表，还是斯拉夫字母表，还是其他的字母表，实际上都一样的，都是几个字母组成的。字母表这个词，叫 alphabet，什么叫做 alphabet？它是怎么来的？实际上就是希腊字母里面 α 和 β，就是字母表里面的前两个字母，意思这就是字母表，字母表就是这么开始的。

这揭示了两个很重要的事情，一个是存在，一个是顺序。A 在前面，B 在后面，α 在前面，β 在后面，其实就揭示了，字母表实际上是由这么多的个体和这样的顺序来构成的东西，这就是字母表。字母表是可以列举出来的，并且是顺序明确的，只有这样的才叫字母表。

字母表是由闪米特人发明的，最初是 22 个字母，逐渐演变成 26 个字母。26 个字母也是逐渐地变成今天这个样子。直到今天还有一些字母表里面残留了一些东西，比如在法语和德语里面都有的切音。书面文字，不管用象形的做法，还是用字母表的做法，具有一个很重要的意义，即在语言和信息之间架起了一层媒介。我们现在的人类，我说的是文明社会人，不是原始社会人，基本上现在所谓的识字，已经不再是识这个字的音了，而是识这个字的字。

比如说苹果，首先我们脑子里想到的不是那个苹果，而是这两个字。人类花了两千多年的时间，才把文字变成了自己的本能。两千年之前，说到苹果，是不会有人想到字的。

是不是可以这么理解，人类的语言第一次被编码了，编码成了字母表，或者是象形文字，总之它变成了字。变成字以后，它就被编码了。一旦被编码，就开始了研究。一开始只研究语言本身，后来就开始玩文字游戏，不再拘泥于这个文字到底代表什么意思，而是针对这个文字本身开始做一些反思。比如亚里士多德的三段论。他说，所有的苹果都是能吃的，这是一个苹果，所以这个能吃。这个就是三段论。比如说所有的马都是白色的，这是一匹马，所以这个马是白色的。

这个论断实际上是错的，并不是所有的马都是白色的。但是从逻辑上讲，这句话没有错，假设所有的马是白色的，如果这是一匹马，那么这个东西就是白色的。我们现在发现文字本身可以脱离具体意义而存在的。一个东西被信息化表示以后，就可以跟实际意义分家了。就事情本身，我们可以做一些基本的所谓的信息操作。从这里就能发现，文字出现之前，人类是不可能进行这样的反思的。

三段论在文字出现之前是不可能出现的。在文字出现之前，人类只能看到这一匹马，这一张桌子，这一个人，但是他们抽象不出来马这个概念、桌子这个概念、人这个概念。是看到了文字以后，才意识到，原来这个东西后面有一个共通的东西。所以说我们再也没有办法回到那种口语状态。

文字实际吸收了很多东西。比如我们去写，去描写一个东西，然后我们再去看这个文字的时候，实际上丢失了很多东西。比如一篇演讲稿，奥巴马去演讲，和一个工人拿着稿子去讲那是不一样的。口语实际上很立体化，有肢体语言、有表情，这些在文字上就没有。把口语牺牲掉，这是文明成熟的一个代价。语言学家波洛克说，现在正在经历第二口语时代。我们不仅可以记录图像，又可以记录到原声。这方面的研究，处于非常丰富的阶段。但是现在能够看到的是，我们再也回不去了，回不到文字出现之前的那种状态了。

接下来我们谈谈字典。字典在信息发展史上具有极其重要的意义，因为它有一个最基本的功能——文本标准化。英语，包括汉字，这么多字该怎么写，每个人都知道。但是在字典出现之前，大家是没有这个概念的。一个词比如兔子，今天叫 rabbit，古英语里面叫 cony，现在有兴趣的孩子可能起名叫 cony，其实 cony 的意思是兔子。它有 20 多种写法，大家都是很随意的写。但是有了字典以后，这个文本标准化了，这意味着不管你在英国最偏远的一个山村，还是在伦敦受过最好的教育，写法是一样的，因为有对和错的区别。

字典还促进了文本和意义的进一步分离。因为过去私人的书和图书馆里的书，都是按照内容分类的，比如写天文的，写地理的，写历史的，写宗教的。但是现在每一种字只有一种写法，按字母排序以后，就不会出现首字母变掉的形式。所以就可以按照字母来排序，很可能两本完全没有关联内容的书会放在一起，这样找书的难度大大降低。当我们到图书馆查文献的时候，比如我告诉你这一片都是写天文的，你给我找出来这本书，是不是得找半天，但是我告诉你这是从 A 到 Z 排列，你去找一个 C 开头的，很自然的你就会到前面去找，不会往后面去找，这个实际上也是字典产生以后的改变。字典就是第一本按字母排序的书。

第一，字典起了正字法的作用；第二，字典使得文本与其意义进一步分离。在编撰字典过程中，又有了一个很重大的发现——语言是直接跟人的心智关联的。就是说，人类有各种各样的创建词汇的办法。在编撰词典的过程中，词典编辑委员会会发现，词永远收不完。因为人的想法太多了，每一个想法到最后都会落实到一个单词上。《信息简史》举了一个很极端的有一点点搞笑成分的例子，当然我觉得他隐含的想法是比较严肃的。我们听歌的时候可能会听错歌词，明明唱的这个，连词的时候恰巧跟另外一个词搭上，然后，我们就会听成另外一个词。

人的心灵会造就词，词典是不能够约束人的心灵的，只有人心本身才能够。人的心灵本身造就了词典，所以从编词典的过程中，就可以看出人的思想层出不穷，可以看出信息其实是由人心产生的。词典起到了把信息标准化和分类的作用。

我们现在看到的文字和词典实际上是最早的、最原始的，但是也是非常典型的，人类早期的一个信息表示。文字和词典的出现，实际上大大推动了人类的文明进程。从信息论的角度来看确实是这样的。

图3　差分机

我们看这样的一台机械，有点像纺织机，但实际上这不是纺织机，它纺出来的不是布，它纺出来的是数字。这台机器，是后来造的，不是当初的那台机器。这是人类历史上第一次出现的自动计算机。这台机器的出现，简直就是人类的骄傲，可以说是人类成为宇宙智慧生物的证明。两个发明人：一个叫巴贝奇，一个叫做爱达。巴贝奇是一个富二代，他父亲是一个银行家，很有钱，给他留下了很多资产。一开始我认为，可能就是富二代把爸妈的钱拿去玩了一把，造了一个东西出来。但是在看完《信息简史》以后，我才知道这个人竟然传奇到了这种程度。这次到美国去的时候，在一个图书馆里看巴贝奇的手稿，我才发现原来这是如此宏伟的一件事情。这里面每一个转盘，大概有两千多种器件，大轮子转一圈，里面这个小轮子也要转几百圈，每一圈里面的卡尺是怎样卡的，游丝应该划到什么地方去，游丝划到这个地方会触发另一些连锁反应，极其复杂。这个东西让我觉得巴贝奇简直就是非人类，我不知道他是怎么样用心灵来把握住这么复杂的东西的。几十万上百万种状态，而且这几十万上百万种状态是互相关联的，非常了不起。为了做这东西，他花光了父亲的所有遗产，再加上说服英国国会得到一大笔款，将近 20 年的时间，最后还没有做完。因为当时大家不知道计算机是什么，就停止了拨款。他晚年过得非常凄凉，穷困潦倒，但是这个东西是他的丰功伟绩。他在教职上叫卢卡斯学院教授，我不清楚大家知不知道这个职位，牛顿，是卢卡斯学院教授；霍金，是卢卡斯学院教授。这意味着，他跟牛顿在学术地位上是相等的。他跟牛顿不一样的地方是，他败家。牛顿毕竟做了皇家造币厂的厂长，很富有。而他把所有钱花光来做这个东西。大家如果看过儒勒·凡尔纳的《八十天环游地球》，书中的福克，环游地球的那个人，据说原形中有很大一部分就是参考了巴贝奇。他是个很典型的英国绅士，在家里搭实验室，做过很多事情，包括研究密码、开锁等，他是一个为科学而生的人。

与他同时代的，我个人认为，成就比巴贝奇还要大的一个人，叫爱达，她是全世界第一位程序员。现在大家区分男女程序员，男的写成"猿"，女的就写成"媛"。我们很难想象全世界第一位程序员竟然是个女程序员。她是一个伯爵夫人，但是她对数学的贡献，即使是大数学家也难以忘记。巴贝奇的机器，实际上是后人做的，他本人当时已经花光所有的钱而没有做完，只留下图纸。爱达居然根据这些图纸，就可以对这台机器编程，这反映了她能够达到不可思议的一种思维的高度，我其实是很难以理解的。现在的电子计算机这么发达，学个 C 语言还挺难的，很多人还学不会。爱达是在机器还没造出来，也根本不知道电子为何物的情况下，对着机械式计算机的图纸，就能够写出一些程序，并且做级数推导，很复杂的一个连分式。

在第四章翻译结束后，我停了好长时间才翻译第五章，因为心灵受到了极大的冲击，觉得当时的爱达太牛了。现在有一个计算机语言就叫爱达，好像是第一个面向对象的语言。但是看完《信息简史》后，才知道这两个人原来这么厉害。

再回过头看，语言和文字是普通大众都知道的，实际上是信息学的铺垫，包括编码实际上都是做信息的铺垫。机械时代，大家已经明确知道，信息是可以对工业生产具有极大意义的。

接下来大家会自然想到，生产出来这样的一些数据，接下来是怎么把这些数据传播出去的。《信息简史》接下来这一章开始讲电报是怎么发明的。史前时代，在没有电报的时候，是很尴尬的一个局面。比如银行被抢了，要发通缉令让下面的警察去围捕。我们会发现，小偷跑得比传达的东西快，通缉令发到了这个城市，小偷已经跑到下一个城市去了，所以永远都抓不到这个人。

电报有一个很重要的意义，就是传播速度。实际上不是电子的传播速度，是电场的传播速度，是以光速进行的。比如说一按开关，马上整个城市通电了。不会出现海淀区过十分钟传过来，西城区还要再过几分钟，电才能传过去的情况。只要一按开关，瞬间就可以。光的传输速度是每秒钟30万公里，可以沿着赤道每秒钟转八圈半。在电报出现之前，有著名的一句话，叫做凯撒大帝的信使还没到，凯撒大帝本人已经到了。都来不及去布置什么，凯撒大帝本人已经到了。凯撒大帝经常用这种办法，出其不意地传递这些信息。人类有了光速通讯后，这种情况再也不会出现了。

发电报，快是足够快，但是很贵。可能大家也知道，现在发电报也很贵。比如说发电报要通知赶紧来北京，基本不会说，我们现在有什么事情，你赶紧回来一趟吧，都基本上发三个字，速来京。因为很贵。这种通讯的经济导致了压缩，要把所有的字压缩到几个字母再发过去。所以通讯革命的副产品是数据压缩，这个是一个很神奇的现象。最后出现了厚厚的码本，不用发具体文字，以01，12，22代替。我发一个数字过去，你在那个码本上查找，1是什么，2是什么，就能还原出来了，这是电子编码，实际就是今天的所谓的数字化。过去的模拟电视，图片用电波发出，电线接收后再还原出来。现在都是通过网络直接发数字。

　　编码有两个发展方向，一个叫密码学，还有一个叫做数据和指令。数据和指令是同一种编码。数理逻辑的发展，实际就是通过要表达的意义编码化以后出现的产物。

　　接下来就进入了一个所谓的英雄时代，跟现代的东西已经非常接近。我们人类几千年的历史，实际上就是信息的表示，信息的传播，信息的控制，信息的变化等等。这些东西到最后会导致信息理论的发展。说信息理论，是人类第一次对信息建立了理性的认识，意义彻底被割裂了。所有的东西都是二元的选择：0和1，是这个还是那个，以及当中怎样控制噪音。

　　如果把所有的东西看成一个信道的传播者，我们会发现，任何复杂的决策，复杂的表示，到最后都可以落实到0和1，不是这个就是那个。一对0和1，可以表示两种状态，如果有两对0和1，就可以表示四个状态。8，16，32这样就出来了。信息论里提出来一个非常非常重要的单位，表示一次非此即彼的单位叫比特，这个就是信息论最核心的一点。就是说通过一系列的是和不是的问题，可以表现出世界万物来，这个实际是信息论的本质。

　　信息具有不确定性。我们可能觉得这个很矛盾，想要更多信息的目的是拥有更多的确定性。为什么说信息不确定呢，举一个最简单的例子。大家没有不想要钱的，钱是什么？你真正想要钱吗？你不是真正想要钱，你想要的实际上是那些物质，那些服务，那些精神或者物质的享受。但是钱是怎么来的，恰恰是你要牺牲你的享受才能拿到钱。所以说你想要的不是钱，而是花钱。你想要的不是钱，而是把钱消费掉的那些东西。这跟信息是一样的。比如说这个人是男的还是女的，这是一个信息，你一旦说了这是个女的，这个信息就被消费掉了，不确定性就消失了，所以信息实际是不确定的。所以说需要的不是信息，而是消费信息。和想要钱是一个道理，我不是想要钱，而是我想要花钱，我想要的不是信息，我想要的是消费信息，这个反过来理解就是信息是不确定的。

　　信息是如何颠覆种种学科的？《信息简史》并不是一本专业的图书，它是一本社科类的图书。心理学主要就是把人作为一个信道。人或者说是生物，它作为一个生命没有什么特殊的。大家在讲心理学的时候，都觉得生命是一个特别了不起的，特别不一样的东西。但是实际上并不是。大家可以去测算一台机器的智能。为什么说机器有智能？给1＋1就返回2，说明是有智能的。包括人也可以被看为一台机器，你的耳朵信道容量现在已经算出来了。站在认知心理学的角度来看的话，生命对于外界的信息刺激的反应，完全跟机器是等同的。实际就是信息学对心理学进行的一次颠覆，叫做信息转向。

现在走进生命科学实验室的话，你几乎都已经觉得，是不是走错地方了，好像他们都在说信使、消息传递、编码表达等等。基因的出现，第一次隐约觉得，生命本身不是我要长成这个样子，而是一出生就已经被确定好了。因为已经被编码成这样了，你的基因已经决定了你就是一个男的，你的身高是多少，你的眼睛是什么颜色，等等。这些东西都已经写在你的 DNA 里面了。但是 DNA 本身不是信息，DNA 只是信息的一种表达方式。比如现在做一个工程，把一个人的遗传信息完全放到电脑里面去。只要能够记录下来，并不一定非要通过基因来表达，只不过基因是最简单的表达方式，通过蛋白质的折叠方式，是最经济的，但它并不是唯一的。就是说如果能把这么大的信息量放在电脑里面，再写入 DNA 的话，就可以复制一个人。这不是克隆技术，比克隆技术更牛。克隆技术还是利用生物体本身的东西。如果能够用电脑存下一个人基因所有的信息，这个人我想复制多少份就复制多少份，基因消失了不要紧，可以拿这段信息出来，再把它写到基因里面去。这些仍然没有做到，这是信息学之前，谁都不敢去想的。

传播学跟基因结合起来，就是说生命是很可怜的，是没有自主性的，为了基因的延续才会有你，你趋利避害，不是为了你活着，而是为了你的基因活着。所以你实际上只是一个无关紧要的躯壳而已。是基因在指挥着你要吃饭，你要吃好的，你要去放松，你要去锻炼，这样就可以延续得久一点，包括你要去结婚，你要去生育，都是基因在指挥着你去做这些事情。就是说他是为了他自己的延续，从基因角度来看，你是男是女都无关紧要。基因是一代一代传下来的，那些致病的不利的基因，就被淘汰掉了，或者是一些竞争劣势就被淘汰了。

所以我们个人能够活到现在，是拜基因所赐。传播学是魔音。一种更激进的观点，你活着不是为了你活着，而是为了你的思想活着，为了你的思想能够一代一代地传播或者是延续，才需要你，否则你有什么价值。现在这种理论确实思想上是激进很多，还需要一段时间被人们接受。但是有一些现象大家可以看到的。有了网络以后，有很多流行词一夜之间所有的人都知道了。比如我十分感动，拒绝了你，有一个词叫"十动然拒"，顿时大家都知道了。这个词会不会消失？可能会消失，但是它会停留在很多人的脑子里面很长时间，很可能就会被传下去，传到更多人那里，甚至传到下一代。几代人以后，突然说到这个词，还可以让人引起心灵的振动。所以从信息学的角度看，就是信息科学导致的一个副产品。比如一些谣言，比如阴谋论，这些虽然没有经过来源证实的消息流行得很快，会在一个小群体里面强度倍增，这个用信息学的强度倍增是可以解释的。还有，我最多通过六个人就可以认识到世界上任何一个人，这个是小世界理论，也是信息学里面很著名的。传播学加入信息学后，传播学不再是传播学了，变成信息学的一个副科学。

现在讨论复杂性，这是人类对于认识论的深化。什么叫复杂？什么叫随机？这样的很基础的概念，加入信息学后，也有了深化。七分之一这个数字算随机吗？不算。一个没什么规律的 100 位长的数算随机吗？哪个随机程度大？怎么能把它表示出来？蔡廷和柯尔莫哥洛夫两个人提出来算法复杂性。很简单，就是要说清楚一个东西，需要说多长的话。如果很短的话就能说清楚，这个就不复杂，不随机。如果一个数，尽管很长，但是用几个公式就可以表示出来，这个不复杂。比如有一个数字，必须从头到尾把它说出来，这个数字就是一个随机数，一个复杂数。这实际是信息学上的算法复杂性，没有什么高深的，但是根据信息学定量算复杂性时，做这件事情投入的代价，就是至关重要的了。

所罗门诺夫提出一个很重要的概念——逻辑深度。一个数，或者一个东西，太简单是没有深度的。但是太复杂，也是没有意思的。一个东西太复杂，里面信息量太大了。比如天线没信号的电视上那种白噪音很复杂，必须要把每一幅图截下来才知道在表达什么，是极端复杂的一个图。如果是一个黑屏，什么都没有。这两个东西对于人类的意义都不大。所罗门诺夫提出逻辑深度就是那些既不过分简单，又不过分复杂的东西。比如语言，它既不过分简单，它是需要一定的努力的；但是它又不过分复杂，没有超出你心灵的控制能力。只有这样的东西，才有逻辑深度。

一个是定性地计算它的复杂度，还有一个是定性地看有意思的程度，这两者是有一点点矛盾在里面，但是对人类的认识实际是一个很重大的一个深化的过程。

终于推出一个叫做万物源自比特的说法，这是一个物理学家约翰·惠勒提出的。实际上人类的行为是不可预测的，但是又是有最根本的原因的。原子是不可预测的，原子可能有量子测不出来，但是原子量子特性来源不是因为本身这个物质有量子特性，而是因为信息有量子特性，信息的叠加是有量子特性的。可以重点看一下《信息简史》第十三章。霍金，在20世纪70年代的时候提出来黑洞的信息湮灭，信息只要进入到黑洞里面去就没有了。十几年以后，他发现信息是没有消失的，信息通过霍金辐射又出来了，本来里面的热力学参数，正好精确地等于释放出来的那些。

万物最根本的一点并不是它的存在，而是因为它的存在可以用信息来表示。量子特性是不能用来通信的。什么叫量子特性，一对东西，这个是负1，那个肯定就是1，他们的和是0，这个是2，那个是负2。这是不能通信的，为什么不能通信？因为通信本身是光速，如果超过光速的距离，比如我这边是负2，我知道那边一定是2。但是要验证这一点，还是要通过一个物质实体的信道。所以说通信，信息的传递，不能脱离物理实体。反过来说明，信息正是一个物理实体的必要前提，否则不能断定一个东西的存在。这个时候我们就想到，梦境实际上是什么？你真的记得你做过什么梦吗？实际上你已经忘了。当你说给别人听的时候，你的这个梦，跟你原来那个梦已经不一样了，过了一段时间以后，你记住的不是你的梦，而是梦的信息。

所以，从思想到物理实体，可以得出万物源自比特的这么一个信息。其实也不难理解，因为任何事情，要存在要表达，实际都是在问一系列的是或者否的问题。通过这些问题的答案，世界才显形了。现在一个最新结论，宇宙运行实际是一种计算过程，宇宙的存在是一种存储过程。存储的比特的数量是10的90次方比特，这是物理学家已经定量计算出的数字。这些精彩的内容都可以在《信息简史》里面看到。

在信息文明及各个时代里面，我们要生存就要掌握一些基本技能，信息的表示、信息的变化、信息的计算、信息的存储、信息的传输等。具体来说，我们怎么样能合理地利用信息呢？我父母是很典型的例子，中老年人，他们觉得信息这个东西很高深，很难把握。实际上根本不是。首先要注意信息的一个符号和形式。比如手机上有一个形状，一个信息，看到信封是打开的，你就知道它是读过的，看到是关上的就是未读的。你要看的是它不一样的地方，只要注意到这些地方你就知道，信息的表示是不一样的，不同的颜色，不同的形状，不同的大小尺寸，它表示的是什么，只要把这些信息的表示形式和实际代表的意义联系起来，你就知道这里面有哪些信息了。

表示一个邮件的存储，读和未读的状态，只需要一个比特的信息就够了。比如我要存整个信息的文本，一个英文字母需要一个字节，一个字节就是八个比特。一本书几十万字，大致就可以估算出它存储的成本是多少。比如买一个 1G 的 U 盘，就知道这里面能放多少歌，放多少电影，放多少文本，是可以估算出来的。

第一要注意到信息是怎样表示的，第二是信息是怎么样存储的。还有传输，比如知道现在流量多少钱，你就可以规划一下自己的手机上用多少流量，包括现在网络都有多少带宽。

更重要的是信息之间是关联的，这一点其实是做大数据、做云计算时非常重要的。大家要注意，要把自己看到的信息和另外的信息匹配起来。比如一个人的微信、电话等各种各样的信息都匹配起来，就很容易找到。就是说要尽可能多地收集信息，但是尽可能少地暴露信息。

现在信息的过载实际是一个很大的问题，有两个基本的工具，是大家要去利用的，一个是搜索工具，另一个就是信息归拢分类，这样就可以更好地拿到自己想要的信息。

还有怎样能够看信息源的可信度。其实每个信息都是可以最终找到信息源的，这一点新闻记者可能知道，一定要找到最终的信息源在哪里，是谁发出来的，这个发信息源的有多大的权威性。不要在朋友圈里面看到一个东西，就信以为真。要去看到底是什么媒体最先发出来的，如果是一些官媒发出来的，可信性是比较高的，如果仅仅是朋友圈乱说一通的话，这个可以不用信。包括说你银行欠费了，都要看到底是谁发的，真的是银行发的吗？真的是公安发的吗？一定要去核实信息的来源。因为有些是会伪造来源的，所以要打个电话确认是不是真的欠费了。

最后一点，我们把过载信息作为一种娱乐方式。本来那些新闻、笑话，都是过载信息，可以把它当作一种娱乐的方式，但是不要把它当作决策的依据。决策最好还是依据那些可信的来源，以及身边的朋友。

高博，《信息简史》译者，卷积文化发展（上海）有限公司 CEO。于 2014 年 7 月 26 日到国家图书馆举办讲座。此文根据讲座内容整理而成。

《信息简史》：（美）詹姆斯·格雷克著，高博译，人民邮电出版社 2013 年版。第九届"文津图书奖"获奖图书。

如何给孩子讲述历史

陈卫平

一、从父亲的遗产说起

今天我们讲座的主题是历史，历史是什么，人们有很多定义。我们不用太严肃地去定义，只说说故事，"故"就是过去的意思，"事"就是已经发生的事情，过去发生的事情被我们记忆、书写或者口述出来，就变成我们今天要说的历史。我先讲一点我的故事，从我父亲的遗产说起。

多年前我在给一本书写序时写了一篇《父亲的遗产》，讲了一些我的故事。我从小生活在一个满屋子都是书报杂志的房间里，因为我的父亲是在新闻界工作。他办报纸，也办杂志，自己很爱看书，所以我们家没什么钱，家里非常小，我父亲终其一生也没有房地产。我在台湾长大，搬了20多次的家，小时候母亲就笑着说说我们家是吃了老鼠药了，因为吃老鼠药到处搬家。我在这个环境长大，有一个得天独厚的好处，就是每天有看不完的报纸杂志。有时看不懂的东西也跟着看，因为早期台湾没有很多出版社专门为儿童出版读物。由于父亲办报纸，我们家报纸很多，跟台湾所有的报纸以及国外的一些报纸都做交换。最初看不懂时就看封面，渐渐看一些笑话、漫画，就这样长大。我还背了一些书名，很多学术书籍，我在小学的时候就已经对作者大名和书名耳熟能详。等我到了学校，发现学校同学没有这么幸运，他们家有些没有订报，没有看报的习惯。于是我到学校每天帮周围的同学补习一下今天的新闻里发生了什么事情。我从小学一年级开始看武侠小说，当时每一份报都有武侠连载，我可以同时记七八份报纸的连载故事，每天给他们讲一小段。我还把家里的旧书带到学校去，那是仅有的儿童读物，同学们都非常欢迎我，所以我小时候常常当班长当模范生。我就是这样子长大的，闲来无事时父亲还会带我去卖二手书的街道，在台北市建国中学附近的牯岭街。现在已经不卖二手书了。

到初中二年级的时候，我父亲过世了，这时我们才突然发现家里没什么存款，房子也不是自己的，一下子就陷入绝境。母亲当然愁容满面。有一天她叹了一口气说，我们真的家徒四壁、走投无路，去算个命吧。于是我跟她去了贫民区的一个地方，好不容易才找到门牌号，敲门，有人应答后我们推门而入。房间里一个目盲的老头坐在里面。我母亲报了我的八字后，算命者手动了几下，然后说，这个小孩13岁就跟父亲没什么因缘，可是他继承了非常多的遗产。我母亲立刻面露不悦之色，付了钱走了。出门后母亲就说，回家吧，算命什么都不准，说你有这么多遗产，算命不如靠自己。我说对，什么遗产都没有，就是破书、破报、破杂志。后来从大学研究所毕业以后，我做了几份工作，突然有一天，我想到应该做出版，因为我父亲就是在文化界工作的，如果可以办一个出版社给孩子做一些书多好。我小时候觉得历史非常有趣，看了很多历史故事。我这一生看书最多的时候是小学，而不是大学。此外大人的书报杂志我也看得非常有趣。在学校里老师讲的任何一个笑话、任何一个幽默，我都知道它来自哪一天的报纸、哪一本杂志，这个是有点犯忌，老师当然不太喜欢，可是这个有趣的经验我很怀念。我奇怪为什么周围的小朋友以及我的同学这么不喜欢历史，我下定决心说，我办出版社就要突破这个现状，先写历史。我先回忆，再把那些破旧的书、破旧的杂志翻了一翻，果然有非常多的灵感，从此我就开始写作《写给儿童的中国历史》《写给儿童的世界历史》。我突然有一天才想到，那个算命的瞎子说得没错，我父亲给我的遗产真的非常之多、非常之大。

二、历史在故事中寻找存在的意义

下面谈到今天的主题，历史到底有没有用。大家肯定会觉得当然有用，但是历史为什么会有用？首先，历史在故事中寻找存在的意义。举个例子，我们看两个陌生人见了面，介绍自己最简单的方式，就是通过一张最简单的名片，上面有名字、抬头、职称之类。名字本身就代表很多故事，比如我的表弟、表妹那一代，名字经常带着军或者红等等。这些故事累积成我们存在的意义，否则我们一个人只是用一个名称从出生到进棺材，它的意义是什么？意义都是在过往的无数的故事里累积出来的。很多人的名字代表父母、家族的期望，代表国家对这个孩子的期望，这些故事会累积出非常多的、有意义的事情。如果把所有的故事抽离的话，每个人的存在就变成空洞化，没有任何意义，每件事情我们给它一个名称，可是这件事情如果只是那个名称有什么意思？名称背后发生过的所有的内涵都是由故事支撑起来的，所以历史当然有意义。

历史还有一个更重要的意义，就是从前因后果中思辨明理。一个肤浅的人，看到现象的发生，会很简单地下一个结论，由他的简单的经验和简单的欲望去反射动作，说出他的意见和感受。可是历史可以培养我们什么？培养我们了解前因后果，而且越深越好，越广越远。知道的故事越少，判断事情就越不精准、越情绪化。从前因后果来判断事情，我们可以从读故事、读历史去培养这个习惯。比如新闻里说，"致远号"被捞起来了。"致远号"是以前北洋舰队面对日本兴建武力的时候向国外买的，甲午战争中被日本打沉在海里。"致远号"，光三个字有什么意义？很空洞。可是如果知道这三个字背后的辛酸、背后的血泪、背后所有的故事的时候，"致远号"捞起来这件事就具有完全不同的意义。所以事情的前因后果是有价值的，要靠历史来支撑起来。

第三，古代帝王将相、贵族世家皆以史为鉴，培养领袖。古代有《帝鉴图说》，都是以前的太傅怎么教太子，都是教历史，不教历史怎么培养他领导国家？领导国家如果对前因后果不了解，如何治国平天下？我有一点因缘，从我的老师身上知道了这个道理。我在他家私塾读了 14 年，他是清朝的皇族，现在非常有名气，以前在台湾隐姓埋名默默无闻，只能靠在家里面教一些有兴趣读书的年轻朋友。他告诉我们小时候在宫里跟溥仪一块读书，老师都是陈宝琛、王国维、康有为、梁启超、郑孝胥等赫赫有名的饱学之士。他告诉我们说历代的帝王将相、贵族世家没有不读历史的。如何能当领袖？只有具备照顾全局的心量心思和方法，才能够平天下之不平。《孟子》讲"盈科而后进"，"科"就是坑坑洞洞，水流过去要平了一个坑才能再继续平下面的坑，如果坑没有平，下面的坑不会被引进水的，水不会流过去。平天下之平、之不平，是水的德。这是他们老一辈不断耳提面命告诉我们的。反观我们的老师、家长，包括大学教授，大学是大人之学，大人之学"在明明德，在亲民，在止于至善"，可是今天很多大学连这三句话也不会讲，大学培养的那些知识绝不应该只是赚薪水的技能而已，否则国家就没有希望了。

下面谈谈如何读历史。很多人都想问，读历史有没有方法？如果不作学术研究，其实方法很简单。历史不只是给历史教授或者研究历史的专业人员的，历史应该是在庶民大众中很普及的一门学问。这门学问很简单，我们把它读死了，是因为学校的教科书让我们厌恶历史，学校的教法、教辅、教参毁掉了历史的价值，从小很多朋友、同学不喜欢，考完试赶快把它丢掉算了，以为历史没有用处了。

怎么读历史才有用？

第一，设身其境，模拟决策。我们读到任何人的故事和事件时，要模拟故事里的主角，但配角有的时候更重要，所以最好设身其境，把所有的角色都想一遍，这样比较完整。我们举个例子。弦高犒秦的故事大家都听说过。春秋时代郑国有一个商人带着牛群去做生意，走到一半，突然发现了秦国的军队就在附近，大惊失色。于是他心生一计，就扮演郑国的使者，选了 12 头肥牛送到秦军将领的帐篷，假称自己是郑国派来的使者，知道对方行军辛苦，特意送来。秦军将领一看非常吃惊，以为偷袭郑国的计划被发现，接下来只好快快离去，郑国的一个大灾难由此得以解除，否则可能就被秦国消灭了。我在小学的时候读到这段历史，当时没有多想，大人也只是告诉说长大了要机智聪明。后来再看这个故事，觉得有意思，弦高如果不这样做，他还有什么其他的方法？商人这么爱国吗？为什么他对郑国那么效忠不惜损失 12 头牛？问题是他不损失，如果不是幸运地先发现秦军而是被秦军先发现，一定保不住性命，更不用说牛了，因为偷袭郑国的秦军决不允许有人走漏消息。实际上我们在想，弦高除此一途别无选择，他只有这样做，不但可以救国家，自己的身家性命财产也得以在这个计策底下保存了。另外再想想，如果你是秦国的将领，如果你读过这个故事，会不会这么容易被骗？大家在读历史时用这样的心理状态去读，历史就不再是跟你的生命无关的一门考试用的工具，历史就变得非常有意义了。

再讲个田单火牛阵的故事。田单是齐国的人，本来不是将军，后来因为在逃难的过程中表现非常聪明，被群众拥戴为将领。齐国被燕国打得抱头鼠窜，七十几个城都被燕国占领了，只剩下两个城，一个是莒城，一个是即墨城。燕国的大将乐毅是非常有名的将军，既懂政治又懂军事，这样的对手很难取胜。后来田单抓住了一个机会。燕昭王去世，太子即位，新旧君王势力有一番权力斗争。田单知道机会来了，散布谣言说，乐毅打七十几个城，一下子就打下来了，只剩这两个城却打了三年打不下来，是有意养敌自重，好趁机壮大自己的势力，夺取国君的位置。这个谣言果然生效，新皇帝很紧张，立刻把乐毅换成骑劫。骑劫将军上了当，跑到前线喊打喊杀。田单看到机会来了，用了很多计策，其中一计就是告诉骑劫，城里害怕，有钱人想投降。可是田单不愿意投降，如果把齐军俘虏士兵的鼻子割掉，把齐国的祖坟给扒掉，齐国人一定害怕而没有士气，不敢再打下去。骑劫听到这个计策上当了，真的这样干。田单于是跟大家说面对这样的生死大敌，大家要一鼓作气消灭对方。火牛阵是其中一个利器，在某一个月黑风高的晚上把牛角绑上利刃，披上了彩色的衣服，尾巴上绑了燃料，点着后牛群冲向敌军阵营，大败燕军。故事的结局是旗开得胜以后，齐国收复了所有的失地，田单是大功臣。如果找个另类的角度，比如故意让燕军割自己人的鼻子，挖自己人的祖坟，如果你是那些俘虏，一旦知道那是田单的诡计，会有怎样的看法？再换另外一个角度，如果你的爸爸、你的兄弟是在俘虏阵营里，你还会赞成田单这样的诡计吗？

这个例子的处境虽然比较极端，但我们这一生都有可能碰到类似的处境。我曾经问过一个来采访我的日本《读卖新闻》的记者，我问他："日本这个大和民族，你觉得有什么弱点？"他想了一下很诚实地说集体的无意识、集体的服从是我们的弱点。我们日本人很多人都不多想，只知道服从。第二次世界大战，我们是犯错的，可是犯错的过程里有很多人摇旗呐喊，有很多人跟着日本太阳旗去杀中国人。其中有些日本人平时都是老实人，这些老实人在战争中所做的事情让人触目惊心。如果我们的国家去侵略别人，当然会有很多口号和理论基础，如果我们没有头脑思考的话，我们的处境也是一样。古往今来这样的例子太多太多，比比皆是，怎么样产生智慧，值得我们从故事中来学习。

第三个故事讲张良拾履的故事。这个故事有个很重要的背景。秦王政灭了六国变成秦始皇，张良的祖父、父亲都是韩国的宰相，而且是做了五代君王的宰相，家世背景、财富都是非常可观的。秦灭韩国后，张良作为一个20岁的年轻人心怀愤恨要报仇。和有些贵族逃亡带着家产躲起来不一样，张良散尽家产，买通了一个大力士埋伏在路边，趁着秦始皇出巡时把铁锥丢到车上，结果误中副车行动失败。《史记》写张良"尝闲从容步游下邳圯上"，常常在那座桥上散步。迎面来了一个穿褐色衣服的老者，褐色衣服一般是地位不高的贩夫走卒等社会下层阶级穿的衣服。老者把鞋子甩到桥下对张良说，孺子去帮我捡鞋。张良很生气，"良愕然，欲殴之"，但他忍住了，因为这时候不能打架，打架真的会变成伟大的通缉犯，一下就被抓到了。他忍住气捡完鞋子，老人说替我穿上，他就乖乖替他穿上了。穿完鞋，老人站起来哈哈大笑走了，于是张良又愕然愣在那里。如果张良觉得很失望就走了，这个故事就变成一场笑话，那个老人也变成一场笑话。实际上两个人很有默契，老人走了一里路就回头了，张良看他回头就知道有来头了。老人回来慢慢走到他面前说孺子可教，五天后天亮以后我们在这边见面，说完就走。于是张良五天以后天快亮时他就跑去，结果老人已经在那边，说你为什么这么慢，几天以后再来。于是他再来，再来时更早，结果老人又在那边了。第三次时他前一天的晚上就到那里，过了没多久老人就来了，说这次来对了。交给他一本兵书，就是《太公兵法》，告诉张良说以后你必可成事，将来你要找我的话到哪里哪里，有一块黄色的大石头，那就是我。历史上说这就是黄石公或黄石老人的故事。这个故事还有下文，苏东坡讲《留侯论》中，讲张良这个故事很重要，我们学会了忍。除了忍之外，还需要制敌击先，取得先机。

另外，读历史换一个角度，对我们日常生活为人处事也很有好处。我们看到这件事情，看到这个人，看到这个现象，可以立刻回想哪些历史故事中的例子可以参考，这也是读历史的好处，以及用实践的方法去实证历史。讲个楚庄王的故事。春秋五霸之一楚庄王即位时天天吃喝玩乐，不想去上朝早会，群臣都很怠惰，有忠臣想劝谏，楚庄王下令说以后谁要劝谏我就杀掉谁，让劝谏的人不敢去劝谏。其中有两个忠臣，一个是伍举，他比较聪明，不直接劝谏，而是跑到楚庄王面前讲了一个寓言故事。他说我们楚国有座山，山上有一种鸟很奇怪，三年不飞，三年不叫。楚庄王其实很聪明，一听就回答说这鸟三年不飞，一飞就会冲天；三年不鸣，一鸣就惊人。伍举大概听懂了这层意思，不慌不忙地退下来了。楚庄王继续吃喝玩乐，又过了一阵子，另外一个忠臣苏从着急了，直接跟楚庄王说再这样子国家就完了。楚庄王说你不怕我杀你头吗？还敢劝谏。他回答说我死了不过一个人，可是你会让整个国家灭亡。结果楚庄王没有杀他，第二天突然开始奋发图强，反而把周围陪他吃喝玩乐三年的人全部杀掉，杀了几百个人。在这个例子里，我们可以想，也可以角色扮演。如果像伍举那样够聪明，讲个寓言故事或讲个比喻来试探领袖到底打的什么主意，试探出来了。或者像苏从直截了当，但冒着杀头的危险，大家会选择哪一种？另外，选择陪他吃喝玩乐的臣下？当然如果已经知道答案了，就不会选了，可是不知道答案的人占多数，一定会陪领导吃喝玩乐。很多公司也是这样，腐败就从这里开始。问题是，我们怎么知道这个领导是在试探，试完了一刀砍下去全宰了。这件事情听起来有点残忍，可是历史上屡见不鲜。不过像楚庄王这样的领导也不是太多。所以我们会想，如有所用必有所试，做领袖的困难在哪里？做领袖的困难就是不知道谁忠谁奸，不知道谁的能力在哪方面，谁的弱点在哪方面，因为所有人都把最好的一面表现出来。楚庄王这样手段有点凶狠，实际上我们不要那么狠。如果小朋友要在班级上当班长或者一个小领导，你要让人家选你，要为大家服务，必须得有一个有能力的同学做班底。可是怎么了解这些同学有什么才干？我们可以在游戏中试探观察同伴的个性、价值观、长处、短处，有些人保守，有些人冒进，有些人胆子比较大，有些人比较狡诈，有些人比较鬼灵精，有些人会闪躲，有些人勇往直前，你的同伴属于哪一类型。这跟心术正不正无关，与你的能力有关。我们每个人一生中都要面对这个处境。主持一个家庭时也要知道自己的小孩长短在哪里，自己的家人长短在哪里，才不会有后患，才会有先见之明，以防万一。

再举一个世界史中威廉王转负为正的例子。威廉王是欧洲的北蛮族，他们入侵英格兰的时候，一下船就摔了一个大跟头。当时这些蛮族尤其迷信，其中一个迷信就是如果领导在战争中摔跤，这是大大的不吉。威廉王怎么处理这个状况？他爬起来双手一举，说你们看，我今天来打英格兰，我手上是什么？手上是英格兰的泥土，这是大吉之兆。于是大家欢声雷动，士气如虹，一战而克，他的子孙统治了英格兰四百多年。这个故事虽然很小，也算是鬼灵精机智的故事，可是事先也可以先做练习。听过这个故事的人懂得去练习这样的心境转换、念头转换的人才是会读历史的人，会看故事的人。不断地练习就可以把每天面对最不好的烦恼进行转换，烦恼来的时候正是觉悟的机会。这样的人才能从历史上找到他的机会，找到他的觉悟。

给孩子的历史读物应该有哪些特质？有三个要点要特别提到。第一，好的历史读物要有情意的引领。书都是有服务对象的，即便不为政治服务，也为读者服务。有些台湾教科书怕别人攻击他偏颇哪个政党，下笔的时候通通没有情感，在学术上美其名曰价值中立。历史有没有这样的事情？永远没有，如果价值中立了，谁都看不下这种中立的东西，一堆没有意义的符号不能感动所有人。不过我们可以从一些最烂的读本看出觉悟在哪里，这些价值中立的东西最需要的是情意，否则就会变成无趣无效的学问。不过历史读物需要有情有义有文学，可过度的渲染、过度的感情用事就会偏离太多事实。关键不在于操弄族群情绪和意识形态，不过度，而在于引发思考与情感的动力，最终能寻出事理的枢机与人性的趋归。比如我们描述中日战争或古代的战争，就好像不关我们的事一样，某年某月某日某军跟某军相战于何处，甲方伤亡多少，乙方伤亡多少，战争结束，请问读这样子的历史能感动谁？完全不能。作者要"添油加醋"，就像司马迁在写《史记》时一样，用他的生命在写，用他情感的生命，也用他理智的生命，用尽他一切的学问去写。写出《史记》是为了什么？为天下立法，立一个标准。这是跟孔子学的，"孔子做《春秋》而乱臣贼子惧"，因为他一字之褒荣于华衮，一字之贬严于斧钺。

再举一个例子。我们书中第一篇是《啄木鸟》，讲春秋战国时代诸子百家，副标题叫"春秋战国是政治上的病痛时代，也是思想上的黄金时代，它像一棵多病的大树，引来许多啄木鸟"。这些啄木鸟就是孔子、孟子、老子、庄子、墨子等大思想家，他们为了解决当时的困境而书写，而发表他们的思想议论，而不是为了炫耀学问。我们让前面铺陈过的一些故事，如战争的故事、颠沛流离的故事、杀伐的故事做背景，看看这些思想家跟那些好像有丰功伟业的君王将领，哪一个更有价值？其中孔子那篇"说来听听"的问题就是问一个帝王比较伟大，还是一个老师比较伟大。大家可以想想，我们一辈子碰到很多平庸的老师，这些平庸的老师也让我们有借鉴，杰出的老师更让我们受惠匪浅。而伟大的老师不仅引领一个时代，他引领万古，"天不生仲尼，万古如长夜"。如果没有孔子，谁来引领我们？我们该怎么想，该怎么做？

再介绍封建制度。如果用一个比较形象化的方式来形容封建制度，基本上像个宝塔，分为天子、诸侯、卿大夫、士、一般老百姓、奴隶各个层次。我设计的问题是，你认为在我们周围的环境中有没有阶级之分，比如说权利、地位、名声、财富、教育程度不同的人和家庭，彼此会不会有什么差别？成绩的好坏是否也能让人分成不同的群体？人间处处有阶级，你怎么想阶级的问题，不要被刻板的"封建主义"这四个字给扣死。我们要弄清楚，而不是人云亦云。

我的私塾老师教我们说《资治通鉴》精要的部分是"臣光曰"。司马光整理这些历史故事，在每一段后会发表他的议论，这些议论很有价值。他后来又叫我们买了另外一套书《御批历代通鉴辑览》，是清朝乾隆皇帝看《资治通鉴》的眉批。之所以看这本书，并非因为作者是皇帝，而是从书中可以看到皇帝告诉我们应该怎么看《资治通鉴》里面的历史。他说司马光像一个企业的总经理，但总经理要听命于董事会跟董事长，司马光的意见只能代表 CEO 的意见，不代表皇帝的意见，皇帝如果不同意，改革不会成功。所以要懂得老百姓的需求意愿，同时还要懂得老板的意愿，这样改革才有成功的可能，历代的变法很多都失败在这个上面，戊戌六君子也是这样被杀的，这是历代变法的困难。

再换个问题，法规纪律重要吗？如果我们所有的行为都来自规定，这样好吗？很多人都不喜欢规定，我们不喜欢所有事情都用法家的办法。孔子说："道之以政，齐之以刑，民免而无耻。道之以德，齐之以礼，有耻且格。"如果一个政府只用政治力量跟法律的刑罚来让老百姓安安静静、安分守己，老百姓没有廉耻，只是怕受罚，所以不敢犯规而不懂道理，秦国就是例子，不到三代就亡国了。为什么儒家重要？儒家告诉一个思想，懂得道理的人不必守法也不会犯错，这样的境界才是高境界，这样的国家才会真正强大。这些故事和道理大家都可以跟小孩子去讲，一起去讨论，这才是读历史的方法。

第二个要点是系统的会通。为什么要出这样一套通史性的读物？通史可以解决我小时候的疑难杂症。比如大家都熟悉王安石与司马光的新旧党争，小朋友都知道司马光砸缸，写了《资治通鉴》，王安石是作文一流的文学家，两个好像都是好人，为什么会对立起来？没有大人帮忙解读，老师也不讲，只是说背了去考试。我们要从脉络中去了解，有一个系统比较完整的结构。前面提到情意的引领要有血有肉，可是有血有肉，篇幅就会比较大，因此系统的会通变得挑战更大，因为只有骨架没有血肉，就会变成刻板的教科书。所以有系统又要有重点的故事，采取措施把因果关系串联在故事里，好像一气呵成。这样的因果关系是通史必备的，因此给儿童的读物的完整性有格外的价值。历代变法很多，商鞅变法，王莽变法，张居正变法，王安石变法，康有为、梁启超变法，等等。中国发展到今天，怎么继续转变下去，不能只靠领导一个人，只有大家一起来才会成功。从历史上吸取变法的教训，有很多非常有趣的故事。在系统的会通之下，我们可以了解一个梗概，帮助小朋友从一个大的结构上来了解。

第三，开放的理解与价值的酝酿。我在《写给儿童的中国历史》和《写给儿童的世界历史》书中特别设计了选材叙述上留白这样的小栏目，鼓励读者讨论举例说明，亲子共赏，非常有趣。为什么开放的理解与价值的酝酿这么重要？因为我们读任何书都应该有开放的理解。小朋友会问，我读的历史是真的吗？我如果回答没有所谓的真假，大家一定会很纳闷，说难道我写的都是假的吗？其实真假是相辅相成。历史千头万绪，我们选材上已经有主观的意思，我不选的比选的要多很多。为什么要选这个材料而不是别的故事？个人主观的价值怎么可以左右所有的人？但任何人对历史的撰写都是如此，司马迁《史记》也是一样。

我们看看开放讨论的重要性。尧舜是中国人最推崇的，禅让政治是大家向往的理想，可是我们要解决的是什么？把喜欢的东西让给别人，你有过这样的经验吗？说说你这样做的理由和感觉，可以跟小读者一起讨论。如果小孩子比较谨慎，有点舍不得，不知道跟别人分享，你要用什么态度去引领？历史的故事是很好的媒介，尧舜可以把天下最重要的位置全部交给一个不是他家里的人，这样的胸襟跟气度，我们难道只负责崇拜歌颂而不想学习吗？怎么样变成这样的人呢？可以从小开始练，别只是看历史故事，赞叹了伟大就算了，那就白读了。

武王伐纣和伯夷、叔齐的故事也很有趣，也有小读者提出了问题。周武王伐纣一定要找个最好的理由，纣王越坏，他的理由就越充分正当。可是桀纣虽然是坏君王的代表，你会不会怀疑大家都把最坏的事情往他们身上加，使他们的名声更坏？历史都是后来者书写的，后面的人取代了前面的，往往会丑化。我们要懂得看历史，历史可以写，历史可以主观地写，问题在于读者怎么读，怎么智慧地去读。周朝取代了商朝，写历史时当然越坏越好，尤其末代的皇帝或对决过的敌人，越要写他的坏，表示自己政权的正当性。伯夷、叔齐义不食周粟，《史记》把伯夷、叔齐列为列传的第一家，为什么这么推崇？有小朋友认为伯夷、叔齐太笨了，因为周朝统一天下后，伯夷、叔齐忠于商朝，不给周朝做官，也不吃周朝的粮食，只吃野菜。后来野地里碰到旁边的人，笑话说野菜也是周朝领土上的，于是这两个兄弟就饿死了。这两个饿死的笨蛋为什么司马迁特别替他立列传？这里有很多玄机。

伯夷、叔齐看到周武王把周文王的牌位拿在远征军的队伍前面，这叫吊民伐罪。伯夷、叔齐不是笨蛋，他们是君子，本来可以做诸侯的继承人，可是，兄弟两个互相让掉诸侯的位置，这是有尧舜精神的人。能因为饿死了，就说他们是笨蛋吗？其中必有蹊跷。这样分析，意义非常深远，我们可以继续想、继续讨论。

古代的学校也很有趣，教授怎么打猎、怎么摘果子、怎么插秧、怎么钻木取火。你觉得自己的知识经验在学校规定的课本中学得多，还是在课本以外学得多？是在课堂上学得多，还是在学校课堂以外学得多？看完了周朝学校的故事后，我们想一想那时候只有贵族可以上学，现在大家都可以有义务教育，可是变成应试教育后，学生在这种场所学到的多还是少，我们要深切反省，家长的胆子要大一点，气魄要大一点，自己的小孩才可以成大材。

交知心的朋友可以举个管鲍之交的例子。管仲跟鲍叔牙原来是好朋友，后来又变敌对方，后来又变成好朋友。由此我们引出，你有要好的朋友吗？你会因为喜欢他而看不出他的缺点吗？你有讨厌的人吗？你会因为讨厌他而看不出他的优点吗？都应该从这些故事里面学到。有时候最伟大的朋友是最强的敌人，司马懿跟诸葛亮就是互相成就的。

岳飞是我小时候思想上的一个纠结，看过后很生气。父亲告诉我说，人活着有更长远的价值，人死也可以为那个价值而死，不是简单的事情。写历史的时候，我后来写了别的出路，如辽国被金灭掉，耶律大石跑掉了，这是另外一种出路，可以提出来做一个参考。岳飞不懂政治，他主张迎回宋徽宗、宋钦宗，宋高宗不可能打败女真人，把老皇帝请来夺走皇位。岳飞输在不明政治，不明人的心理上。

这个时代已经碎片化了，我看到最后一块土壤反而是在大陆。大陆我接触到的朋友很多真的比较喜欢历史。我以前每一年都参加国际书展，我发现其他地方包括美国、欧洲等世界各地的人对历史读物的兴趣逐年锐减。对历史读物的锐减代表了人类整个思维被解构和碎片化了，这不是好事。

陈卫平，《写给儿童的中国历史》作者。于2015年10月25日到国家图书馆举办讲座。此文根据讲座内容整理而成。

《写给儿童的中国历史》（全14册）：陈卫平著，新世界出版社2014年版。第十届"文津图书奖"获奖图书。

征程：从鱼到人的生命之旅

王　原

今天在这里和大家分享一些古生物学的研究成果，以及中国在古生物学方面的特殊贡献。古生物学非常有趣，很多小朋友们非常感兴趣，因为大家都很喜欢恐龙。恐龙是我们古生物学的一个形象符号或者说最佳形象代言人。但古生物学的研究范围远远大于恐龙，恐龙仅仅只是其中一部分。有人常常把古生物学误以为考古学，实际上它是地质学的一个下级学科，准确说是地质学和生物学的一个交叉学科，属于理科。一句话来概括考古和古生物的区别，那就是用时间来分，1万年以前是古生物学研究的范围，1万年以来是考古学研究的范围。考古学研究的是最新的，尤其有文字记载的、比较确切的一些与人类相关的历史，文化的成分更多一点。用戏谑的口吻打个比方，考古的就是挖墓的，而古生物是地上拣化石的。两者在旧石器时代的考古这个点上有交叉。

古生物学本身是很大的一个学科，研究的范围从38亿年前出现了最早的生命开始，一直到现在生命的演化过程。《征程：从鱼到人的生命之旅》只是截取了其中一段，有五亿多年的历史。

借此想介绍一下古生物研究所和博物馆。我是1991年进入北大就读地质系生物地层学专业的研究生，这属于地质学科、生物学的交叉学科，此后我一直在古生物研究所工作。研究所最早的历史可以追溯到1929年，当时有一个非常重大的发现，在北京周口店发现了北京人的头盖骨。那时研究所的名字叫做农商部地质调查所新生代研究室，研究周口店北京猿人，现在叫北京人。研究所研究的范围就是从鱼到人的演化范围。我们古动物博物馆是1994年建立的，2014年二十周年时进行过一次展陈改造。它的地址就在北京动物园的对面，北京天文馆的西边。他们展示现生的动物，我们展示化石，展示它们的祖先。我们中国科学院古脊椎动物与古人类研究所涉及了两个学科，古脊椎动物学科和古人类学科。古人类本来是古脊椎动物学的子学科，可是由于古人类涉

130

及人类演化，大家非常关注，而且还涉及一些旧时期的考古内容，和考古学有一定重叠，单独列了一个学科。中国古脊椎动物学之父是杨钟键先生，他是我们研究所的第一任所长，是一位非常德高望重的老先生，20 世纪 20 年代中期德国学成归来，1949 年前就是中央研究院的院士。

《侏罗纪公园》确实是一部非凡的影片，为什么这么说？因为古生物学是一个相对冷门的学科，这部电影把古生物的形象深入人心地推广到了大众的头脑中，掀起了古生物热。我们也非常庆幸生活在这个时代，很多人非常关注古生物，也非常关注古生物学的研究。当然从我们古生物学者的眼里，你们可能不相信《侏罗纪公园》四部影片里错误百出，原因就在于他们虽然请了科学指导，但从影视传播的角度，为了达到惊人的效果，往往追求要大、要恢弘、要吓人惊人，不考虑科学的角度这东西长什么样。

从鱼到人演进过程中的动物有什么共同特点？它们都有脊椎。现生的脊椎动物，有鱼，有爬行动物的代表——青蛙，有鳄，有鸟类，还有哺乳动物。人也属于哺乳动物，因为人是胎生哺乳的，妈妈要生出小宝宝，胚胎在身体里进行发育，而不是产下一颗蛋。一个个脊椎骨通过软骨连成一根既有坚固性又有一定灵活度的脊柱，软骨在其中起到一个缓冲的作用。软骨如果是突出出来，无论是在颈部还是在腰椎间盘突出，都是非常严重的疾病，会压迫周围的血管神经造成很大的问题。

古生物研究有一个特点，简而言之，就是将今论古四个字。还有一句话就是，现在是解释过去的钥匙。因为人类没法去了解当时、过去，没法亲眼看见过去发生了什么。我们能够亲眼看到的是现在的生物演化的面貌，亲眼看到的是现在的地质、地球演化和海陆分布的面貌。所以古生物研究非常关注现生动物是怎么样的。我们先不去了解古代的脊椎动物，先看一看现代脊椎动物都有哪些属种。这就是一个非常新的统计。2015 年我在美国参加堪萨斯两栖爬行动物学的大会，会上非常高兴地见到了威恩斯。他是两栖动物研究的一位学者，本身还做生物多样性研究，对世界上现在的脊椎动物做了一个比较广泛的研究。1996 年我刚到堪萨斯的时候，做过一次统计，那时还说是五万多种。现在人类对现在地球上的生物面貌有更深入的了解，统计数量有 6.6 万种，有了一些新的物种。有些是新演化出来的，有些是已经演化出来而我们一开始没有发现的。这 6.6 万种脊椎动物简单地说，一半是鱼。盲鳗、七鳃鳗、软骨鱼、辐鳍鱼、肺鱼、腔棘鱼。鱼类确实是在脊椎动物的家族中占了非常大的比例。两栖动物也不少，有七千多种。大家总感觉，老鼠、兔子这些东西挺多的，哺乳动物的属种应该是超过两栖类的。我1996年读书时，哺乳动物的属种还超过两栖类，哺乳动物将近五千种，两栖动物是四千多种。

我研究有鳞类，具体说是蜥蜴等小型的有鳞类。有鳞类有九千多种，其中有很多人会养的巴西龟、密西西比龟等。乌龟的种类有四百多种。鳄的种类更少了，鸟类已经超过了一万种。6.6万种里有多少种人呢？这个问题必须要告诉大家，人只有一种。我们平常说的那些黄种人、黑种人都不是生物学的人种的概念。生物学上物种的概念是能够繁殖杂交并产生可育后代，这两种生命可以交配，产生的后代还能够再和其他的去交配产生后代。现在地球上所有人都是可以通婚的，在生物学上只有一个智人种。

地球起源距今大概46亿年左右，最原始生命的产生大概在38亿年前到35亿年前，经历了很长时间的演化。最早的生命可能就是一个单细胞的生命，再经过很长时间演化，到距今5亿多年前时，才出现了世界上第一条鱼，这个时期叫寒武纪。大家可能听说过寒武纪生命大爆发这个说法，甚至危言耸听地说，寒武纪生命大爆发证明达尔文进化论是错误的等等。其实这在学术界是非常可笑的一种说法。再往后到中生代，这是一个恐龙繁盛的时期，有各种各样的恐龙。然后再演化到冰河时代，就像 *Ice age* 电影里有猛犸象、剑齿虎、大树懒、披毛犀等等。在这个时期才开始出现了离我们比较近的现代意义上的人类，即古人类。可见人的出现在地球演化史上确实是昙花一现，出现时间非常短。我们研究的就是从鱼开始到人的演化的历史，时间上大概有5亿多年。我们在研究地球历史时把地球历史划分成很多不同的阶段。寒武纪的起点在5.4亿年前，从这时候开始，地球的历史被划分为三个主要阶段：古生代、中生代、新生代。中生代有大家非常熟悉的恐龙。古生代实际上是个鱼的时代，海洋里各种各样的鱼非常多。新生代可以说成是哺乳动物的时代。

另外我们在研究生命演化历史和地球演化历史时，离不开一个重要的媒介——化石。化石是保存到现在的古代生命的遗迹。中国古动物馆是对外开放的博物馆，经常会有人拿着一个东西说请帮忙鉴定一下这是什么化石。经常拿来的不是化石，而是椭圆形的鹅卵石，问这恐龙蛋怎样，里面还能看到恐龙的头。化石需要两个重要的鉴定特征，第一个是要有生命、生物结构；第二要有一定的时间。这是一个三叶虫的化石（图1），这是它的头甲；这是鱼的化石（图2），包含鱼的头部和颈部；这是水龙兽的化石（图3），它是生活在两亿多年前的一种全球分布的爬行动物；这是一个植物的化石（图4），它埋藏在地下，经过很多年之后会形成硅化木。好的硅化木打磨了后，亮亮闪闪非常漂亮，可以当作宝石。

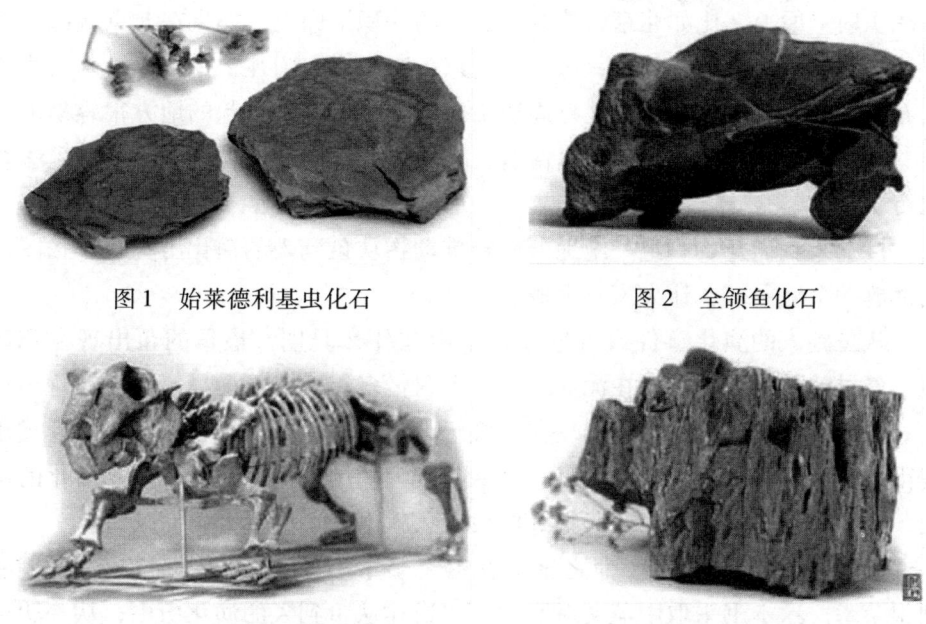

图1　始莱德利基虫化石　　　　　　图2　全颌鱼化石

图3　水龙兽化石　　　　　　　　　图4　硅化木

《侏罗纪公园》这样的影片影响力太大，国外的科普确实做得很好。相比较而言，国内科普做得还是不够。我们中国古动物馆经常会有宣传恐龙的活动，让大家了解中国恐龙。实际上世界上恐龙最多的国家是中国。我在两年前做过一个统计，到2014年5月，中国有244种恐龙，全球大概有1000到1200种恐龙，中国恐龙的总数占到了五分之一左右。一般说到中国恐龙，有人听过马门溪龙、四川沱江龙等。从分布来看，中国新疆、内蒙古数量也比较多，但是恐龙最多的是辽宁，第二大恐龙大省是四川。

中国是恐龙的大国，除了恐龙外，还有很多其他的非常重要的生命，比如说世界上的第一条鱼，世界上出现的第一只脊椎动物。第一条鱼就是在中国出现的。在生命从鱼到人的演化历史当中发生了很多的故事。我今天给大家讲的故事是我们从中精心挑选出来的，我们也有一些中国化石的代表，放在不同的历史时期当中，这也是中国古生物学对世界的贡献。

还有一些早期的四肢动物，从鱼开始到登上陆地这期间有些代表；还有早期的哺乳动物；还有早期的人类。我们经常发现化石的地方很多都是人迹罕至的，但也有很多就在村子边上，老乡后院打井时就能挖出来。我们做古生物研究时，出去叫做野外，为什么不说出城市去采集化石？因为城市大多建在河流的冲积扇平原上，比如北京就建在永定河的冲积平原上。如果在北京城区要想找远古的化石或恐龙的化石，比如在北京市中心天安门往下挖，挖一两百米能挖着，确实埋得很深。但在北京周边山区那些古老地层隆起的地方很容易能找到一些化石。我们一定要到山里偏僻、土壤层少、时代比较久远的地层里去找化石。

接下来我们开始一纪一纪地分析脊椎动物从鱼到人的演化历史，每张图片我都放一个地层柱，让大家有个概念。

从鱼到人的演化事件或者生物群生活在什么时期？最早的鱼出现在寒武纪，最早的两栖动物出现在泥盆纪，距今 3 亿多年以前。最早的爬行动物出现在石炭纪，最早的哺乳动物出现在三叠纪，最早的鸟类出现在侏罗纪。人类出现得非常晚，在新近纪。这就是一个从鱼到人的历史，也是脊椎动物演化的历史，时间跨度 5.3 亿年。寒武纪开始没多久就出现了世界上第一条鱼。

《征程：从鱼到人的生命之旅》获得了第十一届"文津图书奖"，我们感到很荣幸。这本书采取中英文对照的形式讲述从鱼到人的演化历史，从一边读是英文的，从另一边读是中文的，采取了竖版的排列方式。这种设计给美编增加了很多的工作量，每一页英文和中文是完全对照的，很不容易。书的写作花了两年多的时间，三位作者中，一位是加拿大作者，我是第二作者，第三作者是一位澳大利亚学者。我们都是来自中国科学院古脊椎动物与古人类研究所。那两位作者原来在我们所读博士后，其中第一作者 Corwin Sullivan，后来留在我们所做了英文编辑，他的英文功底很强，文笔非常好。书中选择了 5.3 亿年的演化历史中九个重要的演化事件。现在把九个演化事件非常简单地做一个讲述，再在 15 个中国典型的古脊椎动物群中挑选出三个给大家做一个展示。

演化事件，英文 Key Transitions，也可翻译成关键转折点。脊椎动物的演化发生了很多复杂的事件，有些事件我们认为是非常关键的，它改变了脊椎动物演化的方向。这个事件的发生是很有偶然性的，比如长羽毛的鸟类的出现其实有很多偶然性，羽毛最初不是为了飞行而是为了保暖的。这九个重要的事件过去埋没在很多的学术论文中，没有进行一个整体的梳理，我们用这本书做了一个梳理。

我们梳理出的九个事件分别是：脊梁骨的起源、颌的出现、由水登陆、羊膜卵、重返海洋、哺乳动物、飞上蓝天、羽毛和人类。第一个事件是脊梁骨的起源，这很容易理解，出现脊梁骨才能被称为脊椎动物。脊梁骨的起源，在脊椎动物漫长的演化历史中，毫无疑问是一个里程碑式的事件。世界上已知最古老的脊椎动物，是5亿多年前生活在寒武纪早期的海口鱼，它发现于云南昆明市的海口镇，在昆明的南面，抚仙湖旁边。现生的脊椎动物中最原始的类型有两种，一个叫七鳃鳗，一个叫盲鳗，现在的海水和淡水里仍有这种动物。现生的原始的脊椎动物中，已经开始有了软骨的脊椎结构，出现了内骨骼。内骨骼使它的身体更加坚强，也更加灵活。海口鱼大约三四厘米长，但是生命力非常顽强，当时地球上生活着很多奇怪的动物，如三叶虫、怪诞虫等，后来都灭绝了。只有海口鱼在危机四伏的海洋中凭借坚强的内骨骼和灵活的身体生存了下来，否则也就没有脊椎动物这一支了，也就没有今天的人类了。

第二个事件是颌的出现，时间为4.6亿年前到4.3亿年前。最早的脊椎动物如海口鱼没有颌，只有吸盘状的嘴。大约4亿多年前，出现了上下颌，标志着脊椎动物从被动的滤食性生活开始向主动的捕食性生活演化。早期无颌类的脊椎动物曙鱼，脑颅结构已经开始向有颌类动物演化，腮功开始往颌的方向演化。现生的七鳃鳗的嘴长得有点吓人，有人称之为"水中吸血鬼"。它捕食时吸在鱼的身上，虽然没有上下颌，但它嘴里有好多小牙齿，有的甚至能钻到寄主的身体里去。

早期的有颌类鱼可以举孔鱼为例。它的学名叫邓氏鱼，体长十米，长着一张大铡刀一样的嘴巴。中国古动物博物馆里有它下颌骨的一段模型，是我去美国克利夫兰参加北美古脊椎动物学会学术研讨会时从克利夫兰博物馆买的，价格挺便宜，九十几美元，但很大，很费劲才带回来。它生活在3.6亿年前泥盆纪时期，平常吃点鲨鱼什么的，当时鲨鱼并不大，一到两米长，十米长的邓氏鱼来一顿鲨鱼点心还是比较舒服的。

世界知名的学术刊物 Nature 发表了我们研究所一位老师对全颌鱼的研究。它的面颅结构已经和人类的面颅结构一样，虽然骨骼形态不一样，但是人类面骼、骨骼的框架在这条鱼里已经完全出现了。颌有多重用处，第一取食，可以咬；第二反抗；第三跟自己的同类竞争；第四是用来交流，方便发音。美国著名的古鱼类学家约翰·梅兹说，如果没有颌，生命将真的是不可想象。没有它，巨大的噬人鲨、凶残的恐龙、狰狞的剑齿虎和喋喋不休的人类都将大不相同，颌的起源可能是脊椎动物进化史上最为重要和意义深远的一次进化事件。

第三次演化是由水登陆，大概发生在 3 亿多年前。登陆之前，所有的脊椎动物都生活在水里，大多数生活在海洋里，个别进入到陆地的淡水环境，但是没有一个上到陆地。那个时候陆地上并不是光秃秃的，有一些陆生的植物、昆虫、节肢动物等，如蠕虫已经上到陆地上。当然和现在陆地的生机勃勃的面貌还是完全不一样，生物多样性差了很多，但是已经有一些生命的出现。这就方便鱼爬上陆地找吃的。生活在距今 3 亿多年前的鱼石螈，是最早登陆的脊椎动物。它们拥有了具趾的四肢，替代了鱼鳍。这表明脊椎动物终于可以逐渐摆脱对水的依赖，一举攻占陆地，从而极大地扩展了脊椎动物的生存空间。从水里到陆地的这种转变并没有想象的那么容易，往上一爬就爬上去了。这时脊椎动物的身体结构发生了很大的变化。首先，它从原来在水里用鳃呼吸变成用肺呼吸；其次它的鱼鳍要变成四肢才能爬上去。其实在爬之前，这些特征已经演化出来了，最后它们发现原来长了胳膊腿的状态不但能在水里头爬，还能爬到陆地上去。

这是一个预适应现象。在生命的演化中，有很多的预适应现象，显示了生命演化的偶然性。可以以四肢的出现为例。开始时，可能某一条鱼的基因发生了一个突然的变化，鱼鳍里长了骨头，鱼鳍不光是一个简单的鳍条支撑，外面还有肉。有肉之后它发现好像比鱼鳍的工作能力还强一点。之后，泥盆纪时期造山运动非常频繁，海陆变迁，很多水域环境变成陆地环境，池塘变干燥了。也可能因为植物非常繁盛，大量的死亡植物到了水里之后，造成水域的缺氧。水中生命可能觉得很难受，就上外面看看。由于有了这样的强壮四肢，它才能走上陆地去拓展它的空间，这是一个预适应。另一个预适应就是羽毛。羽毛刚出现的时候，不是为了飞行而是为了保暖，结果这种丝状的羽毛开始发生一些变化，最后演化出了片状羽毛，还飞起来了。

回到鱼石螈。它的化石发现在格陵兰，从当时的环境来看，水里还有很多种鱼，如真掌鳍鱼，它是四肢动物的祖先，由肉鳍鱼演化而来的。早期的四肢动物大多数时间还是在水里的，因为它的四肢刚刚演化出来，还不那么强壮。它主要的运动方式和现在的滩涂鱼很像，在陆地上拖着身体有点笨拙地慢慢往前走，后来等功能和结构强了才开始成为真正能够控制陆地的动物。

现生的过渡型生物有肉鳍鱼，在我们中国古动物馆有展出。最大的特点是肉质的鳍，这种肉质鳍以后会演化成脊椎动物的四肢，胸鳍演化成胳膊，腹鳍演化成腿。想象一下，如果3亿多年前的肉鳍鱼有三对成对的鳍，也许现在人会在腰这儿长出一只胳膊，所以生命的演化就是在原有基础上不断地进行改进，适应不同的环境。还有一种活化石，是生活在印度洋的现生鱼，和3亿多年前的祖先的形态没有太大的改变，也是非常珍贵的一种鱼，有两对肉质的偶鳍。中国也有这种鱼的化石。这种鱼是从鱼到四肢动物过渡型的代表，是一种早期的四肢动物，已经可以在路上生存了。

羊膜卵是第四个演化。先有鸡还是先有蛋是一个非常有趣的问题，古生物学界有答案。先要对蛋进行拆分定义。蛋是什么？我们认为蛋是羊膜卵。我去北京山区采集过青蛙的卵，这种黑的、一粒一粒的小胚胎，外面有一个胶囊似的东西，它没有外面的壳。鸡蛋胚胎中小鸡在哪儿呢？鸡蛋有很多层，外面有一个大硬壳，里头还有绒毛膜、绒毛囊、羊膜等，每一个囊都是有膜保护的，有非常复杂的囊膜系统保护着里面的胚胎，为它提供营养，防止干燥，帮助呼吸和排泄。鸡蛋中的蛋黄是卵黄囊，用于补充营养。尿囊用于排泄废物。这里有一层膜保护着小胚胎，叫羊膜。人类的胚胎也是包含在羊膜里的，羊膜破了就是羊水破了，说明胚胎马上就要生出来。既然蛋是羊膜卵，那么先有鸡还是先有羊膜卵？羊膜动物是什么时候出现的？爬行动物、鸟类、哺乳类包括人类都叫羊膜动物。在我们的胚胎发育过程中都有一个羊膜的保护过程。羊膜卵的出现很早，3亿多年以前生活在加拿大石炭纪晚期的林蜥，是世界已知最早的羊膜动物。羊膜动物的胚胎外面有一层羊膜，能防止干燥。产下了带有羊膜的卵，成为真正适应了陆地环境的脊椎动物。遗憾的是，由于化石记录保存不完整，我们没有发现3亿多年前的羊膜卵。目前我们发现的最早的羊膜卵是2亿年前在阿根廷、南非、中国发现的带胚胎的恐龙蛋。恐龙蛋是最早保存下来的羊膜卵。所以和这3亿多年前推测、2亿多年前确认的羊膜卵相比，先有鸡还是先有蛋？答案是先有蛋。

第五条是重返海洋。四肢动物登上陆地了，同时有些已经长了胳膊腿的四肢动物又回到海洋去了，如2.8亿年前的非洲和南美洲的中龙，就重返了水域。这实际上展示了四肢动物登上陆地之后，为了拓展生态空间或躲避敌害，又一次返回到海洋的演化过程。我们可以管它叫古生代的叛逆青年，因为它不走寻常路。你们都上陆地上吧？那好，我回海洋去。中生代是一个恐龙的时代，但大家往往只看到了恐龙统治的一部分。因为恐龙统治的是陆地，而中生代的海洋是由海洋爬行动物即中生代的海怪——大家熟悉的鱼龙、蛇颈龙统治的。有些人说尼斯湖怪兽、喀纳斯湖怪兽、长白山怪兽是蛇颈龙，科学界不这么认为，因为它不可能在那样一个封闭狭小的空间里。一个物种的延续需要一个群体，那样的环境肯定不可能出现这样的生命。蛇颈龙、海龙、原龙很多已经完全灭绝的恐龙占领了中生代的海洋。有几个化石可以给大家展示，如2.3亿年前怀孕的贵州龙，长得有点像乌龟，其实和乌龟没有任何血缘关系的砥甲龟龙都完全灭绝了。大家再看一个化石，展现了一条小鱼龙正从妈妈肚子里生出来，显然尾巴先出来，因为它们直接从肺呼吸空气。刚生出来，妈妈马上把它拖到水面上去呼吸第一口空气。

第六个事件是哺乳动物的兴起。大家通常以为恐龙出现之后哺乳动物才出现，其实恐龙和哺乳动物都出现在三叠纪中晚期。这个时期还出现了原始的哺乳动物。它们和恐龙相比身材很小，但作为一种新型动物，它们有胎生哺乳的生存优势，增强了动物生活生存的能力。我们管这些动物叫做恐龙时代吃奶的小精灵。1.6亿年前在内蒙古的宁城县就有神兽和仙兽，这是两种非常小的哺乳动物。当时很多动物都是树栖，也有一些钻地洞或者水里游的，但个子都不是很大。那个时候地上最显赫的家族是恐龙家族，其他动物都生活在恐龙的阴影之下。古动物馆里可以看到这些小型哺乳动物的化石，比如有云南发现的卞氏兽的头骨化石，下颌骨能够咬合到一起，个子大概十二三厘米。在云南还发现了中国尖齿兽，个头更小，只有两厘米左右长。

第七个事件是飞上蓝天。哺乳动物出现之后，才出现了翼龙。最早飞上蓝天的脊椎动物并不是鸟类，而是三叠纪晚期恐龙的近亲翼龙，它们发育出了翅膀。而且翼龙的翅膀和鸟类的翅膀用不同的飞行结构。鸟类翅膀用羽毛来飞行，而翼龙翅膀用翼膜飞行。它们是最早会飞的脊椎动物，占领了空中，可以叫做脊椎动物最早的空军。现在脊椎动物的空军是鸟类、哺乳动物中的蝙蝠等。意大利发现了早期翼龙的化石。很多人分不清蝙蝠的翅膀和翼龙的翅膀，举个最简单的例子就可以区别，蝙蝠的翅膀手指头是要伸到膜里去的，翼龙用无名指统治天空，它的第四指无名指伸长支撑一个翼膜，膜里没有骨头。

第八条是羽毛的演化。羽毛的演化大概发生在侏罗纪中期到晚期。现在科学界已经基本上把一个假说变成了理论，就是鸟类是从小型恐龙演化出来的，其中带羽毛的恐龙正好是鸟类源自恐龙的非凡证据。过去没有发现长羽毛的恐龙，有很多原因，其中一个重要的原因是保存问题，没有保存下这些羽毛。我们看一下近鸟龙的照片，怎么看都像一只鸟，其实是一只长羽毛的恐龙。顾名思义就是说接近鸟的恐龙，和鸟有着亲缘关系。带羽毛的恐龙目前所有的标本都发现在中国，国外可能有一两件，还是存疑。中国为鸟类起源于恐龙这个假说成为一个真正的理论提供了非常重要、非常珍贵的化石证据。

羽毛的演化也经历了九个阶段，我们研究所的徐星老师经常在电视上出现，他研究长羽毛的恐龙，对羽毛分阶段比较有话语权。第一个阶段毫无疑问是单根羽毛，然后羽毛成束，分叉平行状成了一种片状的羽毛。最开始的片状羽毛羽轴在正中间，是对称的片状羽毛，羽毛还不具有空气动力学的飞行能力。只有到那种偏心的不对称羽轴，羽轴往一侧偏移才会产生飞行能力。这符合飞机原理。飞机的翅膀前缘是厚的，越往后越尖，空气从这儿一下分成两部分，两部分用的时间一样长，可是上面距离长速度快，下面距离短速度慢。速度快的产生比较小的压强，速度慢的产生大的压强，从下往上一压，这翅膀上去了。羽毛的飞行采取的是同样的道理，叫伯努利原理。羽毛的作用包括保温、炫耀、示警和飞行。这是我们内蒙古发现的耀龙（图5、图6），黑色的就是这种丝状的羽毛，屁股上有四根彩带，有点像扭屁股。这也是为什么科学家给它起名叫耀龙，因为它是一种小型的瘦小类恐龙，喜欢炫耀羽毛的恐龙。有些恐龙体型很大，羽毛形态也不是这种片状而是丝状的。世界上已知最大的长羽毛的恐龙发现在中国辽宁地区，就是丝状羽毛。中国确实化石非常丰富，地大物博四个字不是白说的。古生物学界日本学者非常羡慕这点，他们经常要做超微结构研究，原因就是化石太小了。世界最大的长羽毛恐龙身处冰天雪地，羽毛显然是为了保温。北票龙的羽毛有可能和展示有关。还有很多长羽毛的恐龙看着特别奇怪，如被称为四个翅膀的恐龙小盗龙。大家知道，现在的鸟类只

图5　耀龙化石

图6　耀龙复原图

有两个翅膀，腿上不长羽毛，有些大腿根长了一点绒羽用来保温，但下面基本上光秃秃的，没有飞羽。这中间也经历了进化。莱特兄弟最早制造出双翼滑翔机，上面两个翅膀，下面两个翅膀。最早长羽毛的恐龙有点和这个类似，在学飞行。专家推测它飞行的时候也是保持这个姿态，把腿往前再弯一弯，成了一个双翼滑翔机。美国学者曾经和徐星一起合作，做了空气动力学的风动实验，认为确实如此。它这种羽毛前后肢的双翼的状态有利于滑翔，但实际上不利于长久的飞行，因为它后肢羽毛太过沉重，会影响飞行。在进化过程中，为了减轻它自己的体重，慢慢地后腿的羽毛褪掉了，前肢的羽毛再发展得更强壮一点。尾羽龙，毫无疑问长了这么漂亮的尾羽，大概有七八十厘米高，也是一种相对比较大型的近鸟恐龙。它其实是不能飞行的，羽毛只是为了炫耀。这就提出一个问题，恐龙灭绝了吗？恐龙没有灭绝，有些恐龙飞上蓝天，变成了鸟类。古动物馆恐龙大灭绝章节介绍的是非鸟恐龙的灭绝。恐龙没有真正的灭绝，有一支变成了现在的鸟类。

人类的出现是第九个事件。六七百万年前，最早的人类——撒海尔人出现在非洲的乍得，目前虽然只发现了一个头盖骨化石，但它已经展现了人类一个特别重要的特征，能够直立行走。它的枕骨大孔是朝下的，而其他的一些哺乳动物，包括猿，它的枕骨大孔是朝后的，身体还是四肢着地的那种状态。枕骨大孔往下挪，成为一个直立行走的状态，直立行走使猿成为人。

人类的起源是脊椎动物演化历史中一次非常重要的事件，也在某种程度上改变了脊椎动物的演化历程。虽然我们常说人类不过是动物的一员，但是这一员确实太特别了。他发展了文化，发展了技术，有些技术，像原子弹能够破坏掉整个地球。很难想象，在过去七万到五万年前，早期现代人和大猩猩、黑猩猩打架的样子。现在人类收拾大猩猩、黑猩猩非常容易，远远地啪一枪就可以把它干掉。我们甚至还可以造出火箭探索太空。人类的出现确实是一个非常特别的演化，它不光有生物学的演化，也有社会学演化和文化的演化。人类的演化确实是一件非常有趣的事情，但需要一个很完整的题材来讲述。这里只稍微列几个。比如除六七百万年前的撒海尔人外，非洲有一种叫地猿的，也在人族里，已经比撒海尔人更加适应于地下直立行走的生活。任何一种生活的演化都和当时环境的变迁相关。人类为什么会演化出来？这其中有很偶然的因素。因为非洲那个时期发生了气候的变化，气候开始变得干冷。人是从森林里的古猿演化出来的，当时它在树上生活，从一棵树跳到另一棵树。气候变化之后，非洲典型的干草原出现了，树少了，树和树之间的距离也变大了。它要想获得食物，想从一棵树跑到另一棵树就不能一个吊悠就过去了，只能下到地面。地上的生活环境还是相当危险的，有剑齿虎、鬣狗等多种很凶猛的动物。这时候直立行走就有优势了，能看得远，而且进一步地解放了手，只用脚走路就行了。手解放之后有别的用处，操作东西，制作工具、石器、木棒等。

大概 400 多万年前出现了地猿，南方古猿在 400 万到 200 万年前，大概在距今 250 万年前的时候出现了直立人，这个人种已经完全灭绝了。这是一个人类的演化过程。

从鱼到人的演化后，演化还在继续，有灭绝也有新生。有些人认为人已经演化到最高点了，其实不是，人其实也在进行着演化。但是会发生什么样的演化，会变成什么样，我们其实并不是很清楚，每个人也有不同的答案。地球环境会发生什么样的变化并不清楚，我们也在追溯着地球环境变化。而且在生命演化史中也有很多的偶然因素，比如说大灭绝事件。地球历史上发生了五次大灭绝事件。有人认为，现在人类经历的时期是第六次大灭绝事件。前五次大灭绝事件都和突然的灾变有关，比如说 2.5 亿年前二叠纪晚期古生代和中生代之交，有一个全球范围大规模的火山喷发，造成了环境的灾变。距今 6600 万年前有一个重大的事件，就是一个陨星撞击地球撞在墨西哥湾，造成了恐龙的灭绝。如果恐龙不灭绝，也许没有哺乳动物的事，没有哺乳动物的话，也就没有人产生的基础。所以确实有很多偶然，但是必然的地方在于演化总是在进行。这就是一个从鱼到人的生命之旅。

王原，《征程：从鱼到人的生命之旅》作者之一。于 2016 年 5 月 21 日到国家图书馆举办讲座。此文根据讲座内容整理而成。

《征程：从鱼到人的生命之旅》：（加）舒柯文、王原、（澳）楚步澜著，科学普及出版社 2015 年版。第十一届"文津图书奖"获奖图书。

巫觋文化与中国早期乐器

苏泓月

不管这种乐器现在还用不用，不管它是不是在博物馆里沉睡，每一种乐器都有它们曾经最辉煌、最灿烂的时代，它们对我们华夏文明的起步和发展起了很大的推动作用。

一、从早期文字看早期"音""乐"

王国维认为，中国的音乐历史从巫史开始，中国最早的音乐家是巫。礼从巫术仪式中诞生，乐从巫祭的音乐歌舞中发展。我们的文明，由巫及礼，巫政合一，之后产生了国家的礼乐宗法制度。

中国音乐本身非常值得我们去琢磨和研究，巫觋文化和中国早期乐器，也是一个比较有意思的命题。今天在这里，讲一讲我国的巫史传统，这样我们就知道从巫乐发展出的中国音乐究竟是怎么回事。而音乐家的身份，我们知道，古代没有音乐家这个词，他们首先是引导和配合各项巫术活动的巫师，后来巫的地位下降，职能分解，掌握音乐演奏和表演的人分化为优伶、伶人，伎，到后来的妓，这些演变有明显的先后顺序。

我们先讲"音""乐"这两个字。什么是音，什么是乐呢？先从甲骨文说起，看看古人怎么理解。甲骨文一共分五期，五期里都找不到"音"这个字。甲骨文字有限，有一些字在过去是合用的，比如"音"和"言"，在甲骨文里它们是同一个字，后来分化。甲骨文的"言"，在舌的舌尖位置加一短横指事符号，表示舌头发出的动作。金文、篆文"言"的写法里都有一个舌头，隶书简写成"言"，失去舌形。

早期的"音"，指声音，而非音乐，音乐在古时只称为乐。"音"与"言"二字同源，到了金文有所区分，篆文承续金文字形。隶书音误将篆文的舌状写

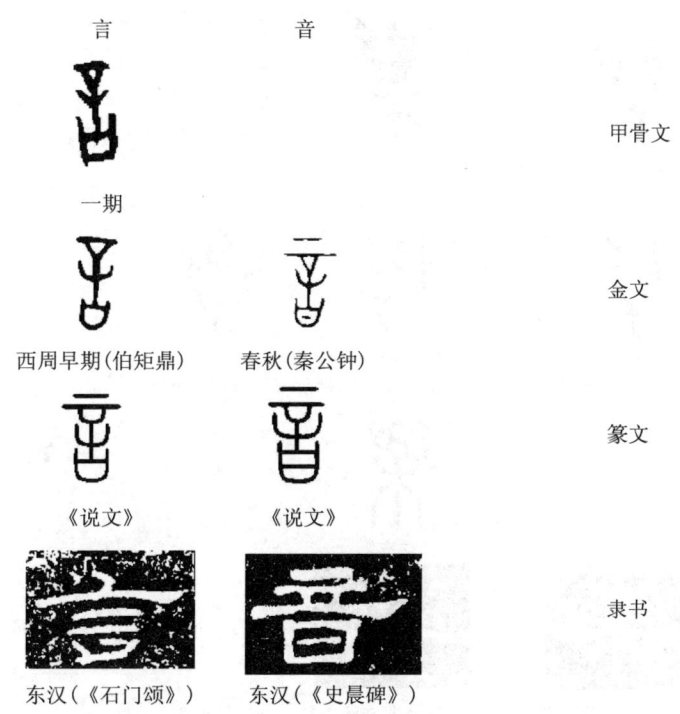

图1　甲骨文、金文、篆文、隶书：言、音

成"立"，成了我们今天认识的"音"，但从字形里，看不到往昔的涵义了。

　　言为心声，这是古人对于音的比较抽象的感觉，是感性的东西。"乐"是什么呢？最早的"乐（樂）"字上半部分像丝，下半部分像木架。罗振玉先生从字形看，丝弦张于木上，认为甲骨文之前便有弦乐器，比如琴瑟之乐，但是更准确一些的推论应该是弦乐器出现在缫丝纺织技术之后。在甲骨文里只有"乐"这个字，到了金文以后"琴""瑟"两个字才出现。篆文承续金文字形，往后，简写成"乐"，把表示内涵的几个部分全省略了。

　　如果说早期的"乐"指琴瑟，我们来看一下早期琴瑟什么样子，出现有多早。西周确定的八音，丝类弦乐仅指琴、瑟，它们代表上层阶级的审美趣味。"窈窕淑女，琴瑟友之""琴瑟在御，莫不静好""既见君子，并坐鼓瑟"。《诗经》中提到瑟，常与琴并列，琴瑟中既有臣子对天子的庄敬肃雅，也有男女之间的浪漫抒怀。卫文公于楚丘之地筑造宫室时，人们便以桐木与梓木斫琴瑟，以髹漆彩绘饰之，如此隆重，与卫文公的身份相匹配。

　　瑟早于琴，和琴一样，与上古帝王、乐臣有关，被赋予替神祇传达天地之

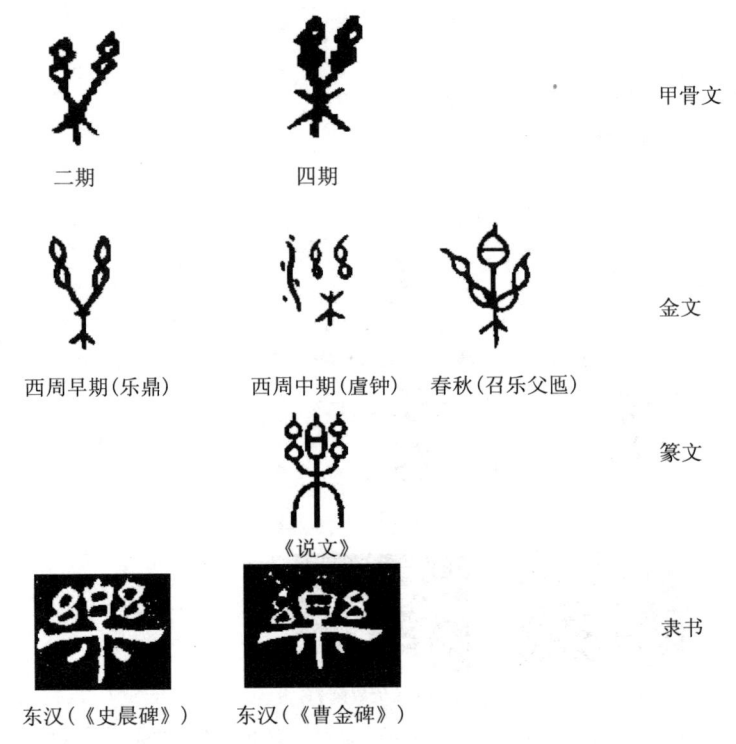

图2　甲骨文、金文、篆文、隶书：乐（樂）

音的使命，以"通神明之德，类万物之情"，为庙堂之上的雅颂之乐。有神农造五弦瑟之说，太昊帝庖牺氏也就是伏羲造瑟说，也有朱襄氏之臣士达造五弦瑟用来求雨一说，还有帝喾之子晏龙造瑟说。我们不能尽信上古传说，文字的产生使我们从神话时代进入信史时代，出土实物的发现又是不断往前探索的证明。

　　春秋时期，琴瑟在中原的诸侯国流传得十分广泛。瑟的考古实物，比琴要多，因多出于楚地，湖北、湖南、河南南部地区，故有楚瑟之称，这与南方气候和地下水位高有关，楚墓的饱水状态和密封性好。中原地区的气候与土壤湿度不适宜古木的保存，琴瑟在这一带，便没有先秦实物。

　　湖北随州曾侯乙墓出土的十弦琴、五弦琴和荆门郭店村一号楚墓的七弦琴，都是战国时期的乐器。这并非我国最古老的乐器，有两个原因，一是琴瑟的材质是木料，容易朽烂；二是琴瑟出现的时间本身就晚。如果是材料无法保存的问题，那么，我们来看它们的形制。

曾侯乙墓出土的锦瑟，属于时代较早的瑟。瑟体整木雕成，先施黑漆再髹朱漆，再施以彩绘，埋在地下两千多年，现在大致看上去，瑟整体是朱红色，瑟首、面板中部周边和侧面依稀可辨出相互勾连的云纹、几何纹、菱纹和异形龙纹、凤纹。楚人崇凤，这张瑟上表现得很明显。

古老的瑟，有瑟枘，它是中国古代的隼卯结构，作用类似琴轸，用来调整弦的松紧。瑟枘材质有木、玉、青铜，雕工很好，有的雕成云纹，有的雕成雷纹……就好像一把钥匙抓在手里的那种感觉。马王堆汉墓有一架瑟，每个瑟枘绑着绛色罗绮带，仿佛能看到古人用手把罗绮带绕在瑟枘上，非常美好，有一种极优雅的仪式感。瑟枘是瑟的生死桥，没有了瑟枘的瑟，它的美感、艺术性，很多方面都打了折扣。战国是瑟最光辉的时期。明代以后的瑟，形制接近古筝，和汉代之前的瑟不是一回事情。

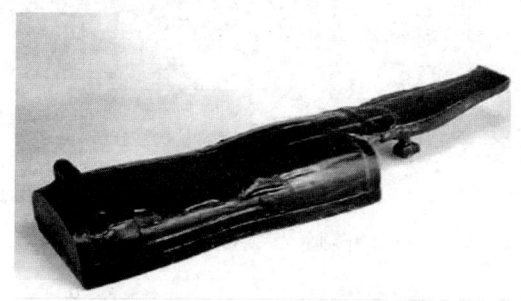

图 3　1978 年湖北随县曾侯乙墓出土的十弦琴（现藏湖北省博物馆）

曾侯乙墓出土的十弦琴，木胎，尾部狭薄，首部宽厚，髹黑漆，琴面与底板分开制作，组成一个半箱体的音箱，一个雁足，琴面呈圆鼓形，没有徽点，散放着四个琴轸，十弦可能是为了高音区取按音而增加的。弦是丝的，已经朽烂，只剩下十个弦孔，弦痕还在。我们并不知道古人是如何张弦的。形制跟今天的古琴完全不一样，如果不说它是早期琴的话，在座的各位可能都不认识。在战国时期，琴的发展、琴的形制还在摸索中，甚至可能还在混沌中。这张十弦琴，其实可能有两三根弦是基本的，弹不了今天古琴的音，基本上是比较原始的、在尝试中的琴。

曾侯乙墓还出土了一张五弦琴，不是乐器，它另外有一个名字叫均钟，是给编钟调音的调音器。其实在古代的时候，人们用琴来给其他的乐器——像编钟这种很重要的乐器来调校音。琴有七根弦，我国出土的七弦琴文物中，年代最早的是荆门郭店村一号墓的七弦琴，是最早确定弦有七根的考古实物。琴在两千多年来，直到今天，一直是七弦的形制。但这架七弦琴和今天的琴完全不一样，和十弦琴挺像，它们是同源关系。2016 年 4 月，湖北枣阳郭家庙曾国墓地出土了春秋早期的琴和瑟，琴的形制和曾侯乙墓的十弦琴差不多。到了汉代，琴的形制基本上稳定下来，和我们今天的就非常接近了。

图 4　南朝模印砖画"荣启期与竹林七贤"拓本

图 5　南朝模印砖画"荣启期与竹林七贤"之嵇康
（1960 年南京西善桥出土，现藏南京博物院）

146

虽然我们知道琴有伏羲式、仲尼式、蕉叶式、连珠式、落霞式、灵机式、神农式等各种式样，但不管什么式，它都是由狭长条的一块桐木面板（也有用其他松质木材）和一块梓木底板（也有用其他硬质木材）胶合而成，外表髹大漆。琴宽的一端为头部，下面有七个可以调音的小轴，叫做"轸"，琴面外侧嵌有 13 个小圆形的标志，叫做"徽"，为泛音和按音音位的标志。琴面系弦七根，外侧至内侧由粗至细，横置于琴桌上演奏。琴面即指板，无品无柱，出音孔开于底板，向下传音。

1960 年在南京西善桥出土的模印砖画"荣启期与竹林七贤"，是我们国家当时 64 件永久不得出境的文物之一。它由两百块砖构成，我们现在看见的图片是砖的拓片。它既在艺术史上占重要位置，对我们音乐史来说也非常重要。

在东汉和西汉，也出现过琴的图像。但是，琴有 13 个琴徽，这张图里嵇康的琴，是考古发现的、现存的、所有关于古琴的图像里面，最早出现 13 个琴徽的，之前的图像里都没有，这是第一次。

甲骨文的时期是商代，但是琴、瑟的发现在春秋战国，所以早期的乐是不是指琴、瑟之乐呢？我倒是有一个小小的疑问了。基本上我也会同意大部分学者的看法。有时候我自己也相信，上面可能就真的是丝，一般来说缫丝业比较发达的时候，琴、瑟才会有它更好的发展。所以如果对应纺织业的发展的话，琴、瑟的发展可能还是落后了一点。

在《说文解字》里有一句话，"乐，五声八音总名。象鼓鞞。木，虡也"。这里头出现两个冷僻字，鞞，通"鼙"。有一句诗大家肯定知道，"渔阳鼙鼓动地来，惊破霓裳羽衣曲"。这两个字是相通的，它是一种在军队里用的小鼓。"鞞"旁边有一个"卑"。中国人造字真的是很有意思，卑在古代，有卑微的意思，还有一个意思指替代品。鼙鼓，它下面有一个卑微的卑，上面是个鼓，是一种替代的鼓，它替代什么鼓？它替代上古祭祀中非常重要的一个鼓叫"鼗鼓"，大者与鼗鼓为一类；其小者形似团扇，有握柄。

木是什么？木，虡也。什么叫虡？钟虡是钟架，虡指木架，就是支在鼓底下的底座。秦始皇的钟虡十二金人，我一直认为他不是单纯地造了 12 个巨大的金人放在咸阳宫，我会幻想钟虡十二金人是秦始皇造了一组前所未有的大编钟。因为只有那种礼乐，那种排场敲起来，才像是咸阳宫主人的样子，要不然他莫名其妙造 12 个大金人，有点像好莱坞的魔幻大片。在那个钟鼓是礼乐重器的年代，钟虡十二金人的这个虡，如果真比曾侯乙的大很多倍的话，是完全合理的，它呈现出大国的威严和排场。这仅是我个人的猜测。

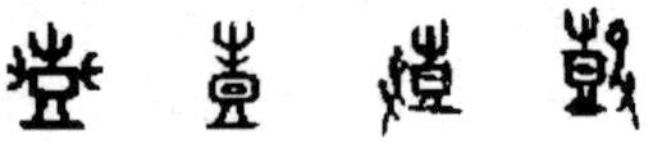

图6　甲骨文：鼓

再看甲骨文里，比较早的鼓，是一只鼓在鼓架上，然后左右手在拍。这种鼓后来我们叫建鼓。《洛神赋图》卷里有一个桥段叫"冯夷击鼓"，后来出现了一个人在敲鼓。1957年在河南邓州出土的南朝画像砖上，有一个比较早的仪仗的形象，前面的两个人拿的正是鼗鼓。鼗鼓就是有一个木柄，下面是几个小鼓串在一起，但是其实两边都是有一个绳子带着拨浪鼓，就像今天逗小孩的拨浪鼓。在上古时代，这种鼓是用来祭神的。如果把这种鼓串起来立在鼓架上，是不是像"樂"字？我不敢说这个推断能够胜过琴、瑟的推断，但是至少这个推断还有它的合理性。我们所有的礼乐来自古老的祭祀，他们有专门的道具、专门的服饰、专门的唱词，唱词就是敬神的时候的祝祷词。他们有乐曲、乐舞，一切形式非常完备，是从史前的时候就开始了的，非常严格，非常丰富。

二、从巫觋文化看早期乐器

甲骨文里头，中国早期文明中的"巫"是什么概念？甲骨文巫字从一期到三期的发展，牵涉到古人重要的方位概念。但绝对不是说只有方位，还有其他引申的意思，古人看方位先定天地，后认四方。所以在一期的巫字，它有上、下两横；到了三期，它出现四方的概念。关于上下两横，还有一个解释是工具的"工"，巧具，这个解释也很重要。

更有人从甲骨文"巫"的字形"十"，像交错的玉形，认为巫师以玉事神。朱大可认为"巫"字所从者乃是爻与爻爻字，盖卦文也，说明古之巫、觋非止歌舞降神，亦以卜筮通神。

东汉许慎则在《说文解字》中，解释这个字从"工"，它旁边就像两个人，又像两只手，张开两袖舞形。"巫，祝也，女能事无形，以舞降神者也"，这个时候巫指一个身份，就是乐舞，用歌舞来接天引地，使神灵降临现场。由于巫在进行巫术活动时要舞蹈娱神、通神，或装神，所以"巫舞"是巫术活

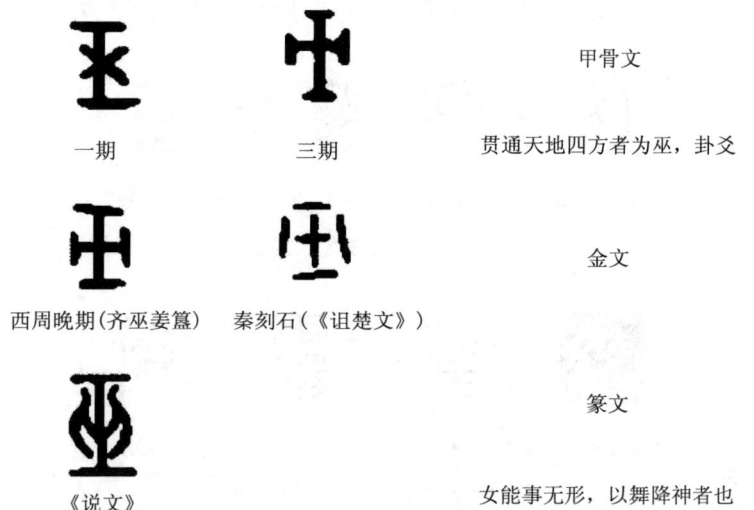

		甲骨文
一期	三期	贯通天地四方者为巫，卦爻
西周晚期(齐巫姜簋)	秦刻石(《诅楚文》)	金文
《说文》		篆文
		女能事无形，以舞降神者也

图7　甲骨文、金文、篆文：巫

动中的重要组成部分。但是如果按照《说文解字》的解释，巫只是用来乐舞吗？明显不是，我们从前面的古人定四方的概念就能猜测出，巫绝对不是只有这么一个功能。

我们再看在甲骨文一期里，"医"是什么呢？它是旁边有一个箭筐，里头盛着箭头。最早的医的概念，巫医给上战场的战士把箭头拿出来，扔到筐里。到了石鼓文的时候，旁边不仅有箭头、有筐，还有手，有了手持械的动作"殳"。到了篆文写作"毉"，下面就是一个"巫"字，隶书还是这么写法。在篆文里，我们发现了两个今天不常用的字，是什么呢？上面还是医生的"医"，下面是"酉"，这是最早关于用药酒来给伤员镇痛治病的形象。

《山海经》里说有十位巫，巫咸、巫彭、巫贤等，他们能够接天引地，是史籍中有据可考的殷商王室著名巫师，有男有女，他们同时又是名臣与名医。直到当今，一些偏远蒙昧的人们生病时仍会相信巫师可以通过巫术给人治病。巫彭就是传说中发明药酒给伤员治病的巫。所以在"医"字的历史上，曾短暂地出现过一个和酒有关的字。再到《六书通》的时候，"医"字下面有了一个巫字，巫还在行使医生的职能。

《山海经·大荒西经》中讲到边远辽阔之地，有座名曰丰沮玉门的灵山，为日月所入，以巫咸为首的十位巫师在这里上达天，下返地。灵山就是巫人活动的巫山，"灵"的繁体字——靈，它的下方正是一个巫字。有一个巫山大溪文化，"灵"字到了篆文以后，有了跟"巫"明显的结合的概念。

甲骨文(一期) 石鼓文 篆文(《说文》)(《六书通》)

图8 甲骨文、石鼓文、篆文：医

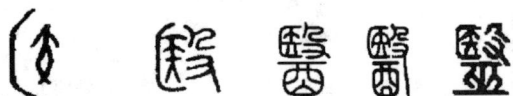

金文(西周中期史墙盘) 篆文(《说文》) 隶书(东汉《庙石阙》)

图9 金文、篆文、隶书：灵

"靈"，上面是一个"雨"字头，在过去，人们什么事情都要拿来祭祀。丰收了要庆祝，干旱了要祈祷，要去求雨。大巫们平时的活动就是一场一场地祈祷，进行各种祭祀活动。求雨在农耕时代非常重要，如果天不下雨，那么会发生一系列灾难，甚至一个国家都要亡掉。所以早期的"灵"字，上面是像甘霖一样的雨，下面有三个口，指巫在行使巫术时念祷辞，要把这些事情说给上帝听。篆文的"灵"字，下面出现了王，是权力的象征，这一点非常重要。传说中，文王给武王治病用的什么？用的是巫术。武丁自己也是巫，还主持祭祀活动。

回头我们再看，按照许慎《说文解字》解读"巫"字，就比较片面了。他说以舞降神，那么许多人便由此以为甲骨文的"巫"字是由"舞"字演化而来。巫人是我国最早的舞蹈专家，这是没错，但这个说法我们之前说了，是片面的。巫人还是医，还通灵，还能看星相，会预知未来生死吉凶。巫是中国最早的高级知识分子，最早的社会公知，几乎无所不能。

因为那时，人类处在蒙昧时期，有智慧的人能够去指导别人，如果这个人还能有各种特殊专才的话，是非常了不起的。社会生产慢慢进步，社会分工越来越细的时候，巫的职能下降，被分解。有一部分人专门从事音乐活动，有一部分人变成医生，有一部分人变成算命的，有一部分人变成了天文学家。这都是过去的一些发展的脉络，变成音乐的，后面还有细分。

仰韶时期的马家窑彩陶盆，距今5000年到4500年以前，盆内绘有人们手

图 10　马家窑文化（约公元前 3200—前 2000 年）舞蹈纹彩陶盆

（1973 年青海大通上孙家寨出土，现藏中国国家博物馆）

拉手跳舞的场景，看起来整齐划一，她们不是巫师吗？不是，她们或许是被驯化了的乐舞奴隶。巫为统治阶级服务之后，巫乐和巫舞就跟着成为帮助统治阶级政治稳固的工具，不仅是祈福，还起稳定团结的作用。

早期的舞是什么概念？巫同时承载着很多的职能，舞就是其中一个职能，它还包括唱和其他。实际上，甲骨文中的"巫"与"舞"是两个完全不同的字，有各自不同的含义。"舞"字，有多种写法，像一个人用两手执兽尾或鸟羽而舞，也可以看作一个人两手挥动花枝，或手上拿着各种法器。到了甲骨文四期的时候，这个人还是站着不动，祭祀者只是双手拿着花枝、法器吟唱祝祷；到了金文，他的动作有了变化，有了往前行进的舞步，表示在行进中舞蹈祭祀；到了篆文，我们就能看到他的下半身明显有了身体动作，不再是立定而是有所行动，两只脚配合一双手，和着乐曲，有节奏地跳动。下面这一组东巴文字，记录了《铜灯花枝舞》舞阵的阵形。他们手上拿的法器就是鼗鼓，这也是鼗鼓作为祭祀活动的一个证明。和我们今天的啦啦队很类似。保留古老的敬仰，看他们手上拿的东西，就能看到原始巫舞的一些痕迹，对未知力量的祈佑。

其实，无论古巫还是古优，都脱胎于原始歌舞，人类早期的音乐发乎本能，最早的歌曲是劳动号子，变成民歌。原始歌舞的题材多样，我们看到《龠翟舞》和《干戚舞》，《龠翟舞》是文舞，《干戚舞》是武舞。龠翟舞拿的是龠，中国早期的吹管类乐器，当道具用；翟是鸟羽，这是人类征服动物的战利品象征。《干戚舞》的"干戚"是盾牌和斧子。传说刑天氏和天帝争权而

甲骨文(一期/四期)　　　春秋金文(楚余义钟)　　篆文(《说文》)

图 11　甲骨文、金文、篆文：舞

图 12　东巴文字记录的舞阵

战，刑天氏失败，被砍掉头颅，埋在常羊山，但他不服气，以双乳为眼，肚脐为口，执干戚而舞。在打仗之前，军士们要进行祭祀活动；战胜之后，军士们模拟战争编成军舞，这个传统一直影响到后世。我们知道唐代《秦王破阵乐》，李世民当了皇帝之后，就发动宫里的音乐家们给他编了这么个庞大的乐舞，这就是对上古的军事舞蹈的一种传承。

还有反映狩猎、农耕的乐舞，比如《吕氏春秋》里的葛天氏之乐，三人操牛尾，投足以歌八阙，每三人为一队，拿着牛尾做演出道具，祈求五谷丰登，百姓和乐；有男女情爱的，还有歌颂治水的。九段乐舞《夏龠》，用原始吹管乐器当道具，头戴皮帽，身着素白的衣服，执鸟羽而起兴。这些人是后世的优伶之祖。

有几样乐器与原始巫活动有关，比如骨龠、摇响器、缶这些早期的乐器。河南舞阳贾湖出土的骨龠是距今最早的出土乐器，可视作吹管类乐器的祖先，它来自于人们还在靠狩猎生存的时代，距今差不多八九千年。龠由鹤的尺骨制成，能吹出七声音阶，已充分显现华夏先民的驭物智慧。舞阳贾湖的先民，就这样以似鸟音、似鹿音的骨龠，招飞禽引走兽，生之哀乐，命运跌宕，都留在音孔中，在音孔与音孔之间，依稀还能看见当时修修改改的等分痕迹。

缶和摇响器是陶泥制成，来自于人们已经在水边安居的时代。目前断代最早的陶片是江西万年仙人洞的夹砂陶罐残片，时间约公元前 9000 年，为新石器时期。史学家将人类物质文化发展分为新旧石器时代、青铜时代、铁器时代……石器是对已有材料进行外形加工，青铜器却是物质能量之间的转换，由矿石中提取金属，再将它们从化合态转化为游离态。量变到质变的过程，中间绕不开陶器时代。从前陶时代，到青铜时代，人类走过了大约 7000 年。

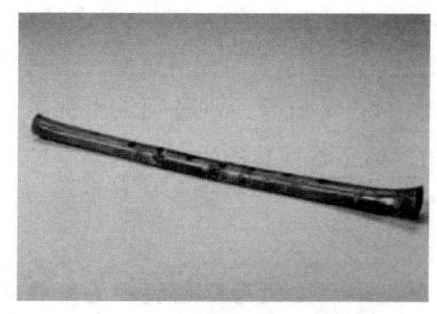

图 13　舞阳贾湖出土的骨龠　　　　　图 14　巫山大溪遗址出土的陶响器

人们安居，才有固定的制陶作坊。渐渐地，陶泥中的沙砾少了，泥质细腻起来，随着生活的丰富，器型愈加丰富。在农业发达的地区，陶器制作同步发达，北方草原和东南沿海，因着人们对炊煮需求少，陶器发展缓慢。

陶器时代来临，它承接了石器与青铜时代，龟甲摇响器之后是陶响器。比骨龠再晚一些，比前面讲的琴和瑟要更古老。它是用来祭祀的，陶泥捏的，类似今天的沙锤。陶响器里面都有一些小沙砾、小石子，只能发出沙沙沙的声音，发不出什么美妙的旋律来。各地新石器时期遗址都有陶响器出土。巫山大溪遗址出土的陶响器，是红泥红陶制，有圆形及纺槌形，表面饰以组刺篦点纹，就是以篦状工具在陶泥未干时戳刺出的点状纹饰，组成米字，或经纬相交之角形，环布球周。图像来源兴许是人们遥望星辰，依放射星芒，以及星体运行轨迹展开的想象。原初的情感充满蒙稚之趣，就像那些彩陶或者素陶上的绳纹、波纹、点纹、图腾纹，那是人与自然最亲近的时候。

陶响器，既用作巫舞，又用来逗哄儿童。甘肃临洮寺洼和兰州土谷台有婴孩墓，小小的瓮棺内放着随葬的陶响器。古人事死如事生，连一个小小的孩子下葬都非常郑重。几千年前的一个小婴孩儿，被很朴素的方式埋葬，他长眠地下，陪伴他的是一只来自大地的礼物，用泥土做的陶响器。

这个时候就能浮现一个女祭祀温柔的母亲形象。不管是从泥土来说，还是从大地来说，还是从女祭祀她同时又是一个母亲来说，这非常让人感动。

过去女巫为巫，男巫为觋，许多行使巫术的巫师是女人、女祭司。男巫可以叫巫，但是女巫绝对不能叫觋。"觋"这个字，"巫"旁边是见面的"见"，指能见得着的人。抛头露面的事情不让女人来做，女人只能在她们家附近那一带进行巫事活动。但是如果要去到另外一个州、另外一个驿、另外一个县，通常都是男巫师。

《诗经·陈风·宛丘》有一个比较有趣的关于巫女的故事。"子之汤兮，宛丘之上兮。洵有情兮，而无望兮。坎其击鼓，宛丘之下。无冬无夏，值其鹭羽。坎其击缶，宛丘之道。无冬无夏，值其鹭翿。"这是一场普通人对神巫的爱恋。这首诗是以一个男人的视角来描写的，他望着宛丘山上起舞的巫女，觉得美好又无望。巫女的道具叫"鹭翿"，鹭是白鹭鸟的毛，翿就是像华盖一样伞状的，是用五彩羽毛做的。她的乐器是鼓和缶。

巫女要么手持着白鹭羽毛，击鼓在宛丘山中；要么有鸟羽装饰的华盖相伴，击缶在宛丘山道中，舞姿婀娜优美。巫舞是有着分明季节的，但是在男子的眼里，却无冬无夏，因为他的情感已是倾覆难收。《汉书·地理志》里说到这场无望爱恋的发生地陈国的风俗，用了"妇人尊贵，好祭礼，用史巫"十个字，这场巫舞很可能是原始公社一些节日的遗风。

战国无锡鸿山出土了一个原始青瓷缶。原始青瓷最早能追溯到商代。战国时候的缶就已经制造得比较精细和华美了。

有一个年代不晚于西汉时期的贮贝器，20 世纪 50 年代在云南晋宁石寨山出土，表现了古滇国的王举行歃血诅盟仪式的场面。这个贮贝器上面能看到几个重要东西，比如 16 面青铜鼓，还有巨型鼓，相比之下，人的比例非常小。这可能是一种艺术夸张，但是不好说，也许真的有这么大的铜鼓，后面一排是参加祭祀的人，还有主祭人。跪着的、被捆绑在柱子上的是即将要被杀掉的人牲。他将用生命献祭，是一场非常残忍的祭祀活动。

有一种很有趣的考证，就是锣是怎么来的？是不是有鼓就有锣？其实不是的，真正的"锣"这个字，唐代才出现。而我们知道青铜的鼓是会朽烂的，那么为什么中间会有八芒星？有一些装饰是有功能性的，鼓面中心的八芒星，有的是十二芒星，是增加它的厚度，这样这个鼓可以耐久一点。而且光芒是一种原始的对于太阳的崇拜。西方也有这种八芒星、六芒星、十二芒星，究其本源，人类的最初的愿望其实是相同的。

今天在少数民族地区或一些村镇，仍能看到过去巫祭的影子，比如傩戏。傩戏的历史非常早，上古的时候就有了。商代盛行傩祭，就是戴着面具驱病魔邪鬼，领头的称方相氏，然后他下面有一帮人跟他一起。周王室和诸侯代表国

图 16　傩戏中扮演的人物貂蝉

家举行的称"国傩""大傩"，老百姓举行的傩称"乡人傩"。乡人傩是最不起眼的，就是乡里乡亲的，大家一起扮上，自发组织的民间活动。它最早是用来做什么呢？以前医学并不是那么发达的时候，瘟疫比较多，他们以傩戏这种方式来驱鬼、驱瘟疫。所以孔子说"乡人傩，朝服而立于阼阶"。"阼阶"就是大堂前东边的台阶。在乡人们举行迎神驱鬼仪式的时候，孔子为什么要穿着朝服立在阼阶上？这里有两重意思，一是守护地下的神明，不受敲打唱颂的惊扰；二是他非常敬重传统，承认礼乐中的乐，是从巫术舞蹈而来。我比较认同李泽厚先生的观点，他说因为孔子尊敬巫术，这是一种对于原始巫术的尊敬。

三、从早期钟磬看礼乐文化

我们再说一下钟的历史。有一个非常有趣的逻辑，青铜钟不绝对是陶钟生的孩子，它还可能是陶铃的孩子。湖北天门石家河三房湾遗址，年代相当于龙山文化时期。这是一座史前古城，城高池深，有宗庙与宫殿，比商王朝的偃师都城早一千多年，曾经被废弃，又在西周时期重新使用，一段神秘的历史，留下陶塑人偶与牲畜让人们猜想。泥塑的人偶里有高举大钺的统帅，有手里捧着鱼、跪坐的百姓，或许是鱼祭，原始农业时代的祭祀，无非鱼祭和祈猎祭。这里发现的陶铃，形状与后世铃形更接近，质地为橙红陶泥，手工捏制，铃身有优美曲线，刻有近似饕餮的、非常原始的兽面对称纹样，又似鬼符，这时候人还在对美的摸索阶段，还在混沌的世界。它只有几厘米，却充满了生命力，原始的张力，仿佛有种浑莽奋起的力量，生动刚烈，它从蛮荒太古中来，人类正欲破除无明时，张开大口发出一声呐喊。早期，陶器或青铜器上的神兽，观赏起来有种神力，青铜器时代晚期的兽纹，变得呆板，没有鲜活气，纹样承袭太多之后，人们心中没有了原初的敬畏。越是早期的纹样其实越活泼，这个陶铃虽然刻得非常简单，但非常耐看。

图 16　湖北天门石家河三房湾遗址出土的陶铃

这件陶铃，距今约 4600 年到 4000 年，可以看作青铜钟的前身。青铜钟，编钟里的甬钟、钮钟、镈钟，由陶铃和陶钟演化而来。而另一种自商代开始的青铜乐器铙，比如妇好墓五个一组的商铙，它的远祖则是陶钟，它们的敲击的方式几乎是一样的。考古发现的唯一一件陶钟，于 1955 年陕西长安斗门镇出土。4000 多年前，龙山文化时期的先民对陶乐器尚处在懵懂阶段。钟有陶把，演奏者一手执把，一手用槌敲击钟体发声，泥质为灰陶，椭圆的钟体，短而阔的比例，前后厚薄不同的钟壁，十分笨拙，混混沌沌。

陶钟装上柄，有点像什么呢？像甬钟。今天有一个词语叫"斡旋"，斡旋两个字就是横过来的一圈凸起的叫旋，竖起来的叫斡。斡旋的作用是方便把钟挂在钟架上，所以这就是最早的斡和旋的概念，所以从中斡旋这个词语就是这么来的。甬钟的乳钉，从城门的门钉而来，和战事防御有关。所以《周礼》

里"六鼓""四金",金是青铜制成的钟、铙、钲、铎,它们全是用在战场上的。

青铜实际上是铜和锡的合金,不是纯铜。在青铜时代之前至初期,短暂地出现过一个红铜的时代。国家监督和组织劳工在矿区采集青铜矿和锡矿,越来越复杂的青铜器被铸造出来,大量铸块从矿场运送到作坊,途中有军队护卫。青铜器是社会秩序、国家稳固繁荣的象征,青铜时代自公元前2500年的夏朝开始,纵向跨越夏、商、周三代,至公元前500年,铁器的兴盛致其渐渐衰落。

1983年在山西襄汾陶寺遗址出土的一枚小小的红铜铃,时代约公元前20世纪的夏朝。它是考古发现最早的铜制乐器。铜铃浑身布满青锈,已见合瓦式雏形。我们今天在寺院里看到的圆钟不是中国的,是外面来的。中国人自己的钟,是略扁的橄榄形,像两片互相扣合的瓦,所以叫合瓦型。

陶寺遗址属于龙山文化时期,这里有王墓、观象台、道路、人们居住的洞穴或房屋,还有居民的公墓,公墓里的随葬品数量和品类已有明显的等级差别。大墓主人的随葬礼器,不仅有乐器,还有玉钺。下葬时,人们在他的木棺内撒了朱砂,他的身份可能是部落执掌军政的首领。可见,祭政合一的礼乐制度已经形成。陶寺文化可分早、中、晚三期,各期的年代跨度约在一二百年间,它是一个慢慢完备的过程。据一些学者研究,其早期相当于我国历史上的尧、舜时期,晚期已进入夏代纪年范围。根据年代和古史地望,有学者推测为陶唐氏遗存;由于遗址恰又处于晋西南"夏墟"的腹心地带,因此陶寺遗址出土乐器对研究龙山时代乃至夏代的礼乐制度均具有非常重要的学术价值。陶寺遗址出土的乐器有鼍鼓、石磬、土鼓、陶铃、铜铃、陶埙。如果土鼓不蒙上皮革的话,是不是可以认为它是缶?在陶寺遗址里面发现了鳄鱼的骨板,鼍这个字是鳄的早期称法,就是鳄鱼。鼍鼓,指蒙着鳄鱼皮的鼓,鼓身还能看到一些刻花,比较原始、朴素,还很有动感。

陶寺遗址出土的磬,我们叫特磬。它不是成组的,没有任何雕饰,表面非常粗糙,有一个系绳的孔,我们能看到后世磬的雏形。陶寺也出土了一枚近似的灰陶铃,加上铜铃、石磬、鼍鼓,似乎是奴隶社会打击乐组合的小型乐队,加上陶埙的话,是鼓吹乐的组合,虽然它们的样子仍只是朦胧阶段,但我们从中已可窥见一千多年后,西周钟磬乐悬制度的萌芽,绵延华夏文化近四千年钟鼓之乐的发端。

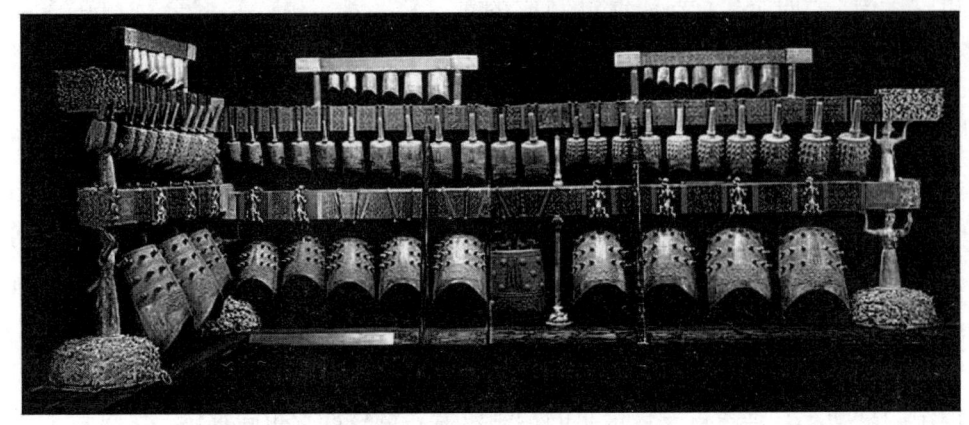

图17　1978年湖北随县曾侯乙墓出土的编钟（现藏湖北省博物馆）

乐悬制度在西周晚期已经非常成熟。我们说编钟编的是甬钟和钮钟两种钟。1978年湖北随县曾侯乙墓出土的编钟是礼乐崩坏之后的越级象征。阵容庞大的曾侯乙编钟，时代为战国初期，上层为3组19件钮钟，中、下两层共5组45件甬钟，均为合瓦式，依大小次第排列，有6个青铜武士支撑上下横梁，他们戴冠、佩剑、穿着施彩绘的衣裳，威风凛凛。

下层中间一件单独的大型镈钟，为楚惠王熊章所赠。三种钟组在一起，应该属于周天子的编钟排场。镈钟通身饰有浮雕蟠龙纹，正中立蟠龙形复式纽，两对龙形装饰，兼饰有三角雷纹、圆圈纹等纹饰，铸造工艺极其高超。

编钟可以演奏七声音阶，音域超过五个多八度，中间的三个半八度十二个半音齐备，可以旋宫转调，能演奏以和声、复调、转调手法写成的乐曲，更玄妙的是，一只钟可以发出两个不同的音，即"一钟双音"。

这组大型钟器深埋地下2300多年，出土时音质依然纯正，上有完好铭文共计3755字，内容包括编钟的编号、纪事、标音及乐律理论，注明曾国与楚、周、齐、晋等国的律名、阶名对应关系以及八度音对应说明，俨然一部古代音乐理论百科全书。

这个钟架就叫钟虡，有精彩的人偶承托，他们配着剑，就像栋梁一样在支撑着钟架。通过这些人偶，我就会联想到秦始皇的钟虡十二金人，十二金人支撑着一套巨型编钟。

我们再说一下磬。磬比所有的其他乐器都早，为什么？石器，令人类成为万物灵长，降获飞禽走兽，捕捞渔产；陶器，使人类向文明更进了一步，建

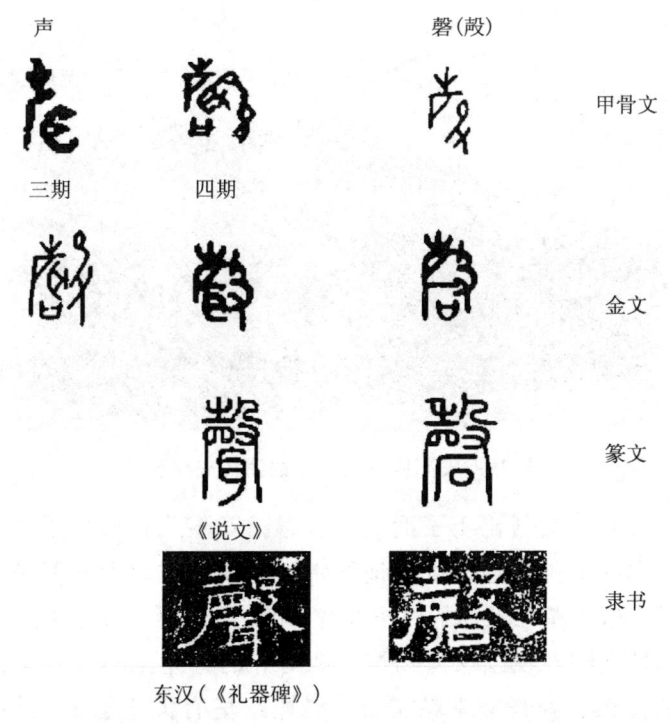

图18　甲骨文、金文、篆文、隶书：声、磬

屋、群居、安家、伦理演进，继而长幼尊卑、等级划分、筑城修池、部落生成，出现一个个小型城邦。人类起先没有语言，语言始自劳动时的号子，从而产生节奏，演进成歌。原始的伴奏是"击石拊石"，磨制石器时砰砰有力的欢声，先民用一块石头，去碰击另外一块石头的时候，音乐就发生了，磬就从这里产生。

　　"声"这个字在早期甲骨文里，明显地能看出，一个人在敲击一块石头。到了后期我们可以看到，磬被打磨成了一个有弯折的形制之后，它被用绳线悬吊在了磬架上，有一个人敲击石头的动作，旁边是口和耳，加起来是"听"。他一边在念唱，一边在倾听击石的声音，这是人们早期对"声"字的表达。音是言为心声，音没有附着任何乐器，只是一个人在说自己的心声，音其实是对声音的比较抽象的描述，是精神层面。声是对声音比较具体的、形象的描述，属于物质层面。音的含义要比声更深远。声是古人给我们展示了一幅敲磬的、音乐演奏的画面；但是音，我们要用心去感受。后来声分出来了，耳朵要去听，石头要去敲，省去了口。到了隶书的时候就分得更清楚了。所以古人是用击磬的动作去形容声。

图19 安阳武官村出土的商代虎纹磬

1950年，安阳武官村出土了商代虎纹磬，安阳武官村位于孔子的家乡鲁国，是东夷人虎族王自鲁地迁都殷地所带。商代虎纹磬上面有精美的虎纹镌刻，端庄凝重。这枚单独悬挂的石磬发音明朗，悬孔上有磨损痕迹，表明它被使用已久。这件文物现在国家博物馆，和陶寺的磬完全不一样了，这个时候的磬已经非常成熟，纹样非常精美。《周礼》里有关于磬的大概制作描述，制磬的师傅按制磬规定，长是多少、鼓是多少、角度是多少、厚薄是多少，做出大概形状以后，每一枚磬还需要手工打磨很长时间，才能打磨出有序列的音。

伴随这件虎纹磬出土的，还有24具女性骨架，应该是殉葬的乐人，这是我们较早期发现的有实证的女音乐人的例子。乐人一生都是统治者的奴隶，统治者活着的时候，不给她们自由，死了以后，她们更没有自由，也或许，死亡才能让她们获得自由。奴隶主阶级形成之后，占有了奴隶的物质产品和精神产品。商纣王有大批的乐人和钟鼓管弦，夏桀占有女乐三万，这些女乐人都是乐舞奴隶。

说到乐人、奴隶，有必要把这两张图拿出来做个对比。中国文人喜欢赏石，把这两个放在一起比较，能从中发现比较有意思的关联。左边是磬石拓片，右边是米芾的《宝晋斋砚山图》。米芾喜欢灵璧石，称它"色如墨玉""声如青铜"，这种石材也是制磬的好材料。但是文人之所以赏石，他们赏的是没有人工痕迹的石头，形状奇异，沟壑杂陈，遍体天然孔洞，苏州人用它来造园。将它置在案头，如五岳飞来，云波流动。米芾代表的文人供的是浑然天性，不受拘束，与天地精神往来。庄子说七窍凿开混沌死。我们说石者，云之根。石头的本身有着不可捉摸的、千奇百怪的姿态，就像天上的云一样。可是云是最柔软的事物，石头是最坚硬的东西，却被人驯服。磐石和赏石，是统治和被统治、统治与反统治，比较现实的两种对比关系。

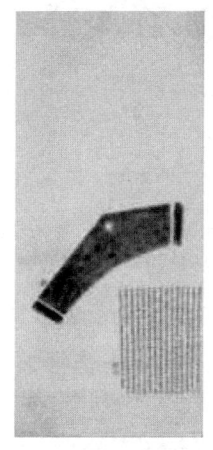

图20　清《商磬石拓片》（长127cm，宽50.5cm，私人收藏）

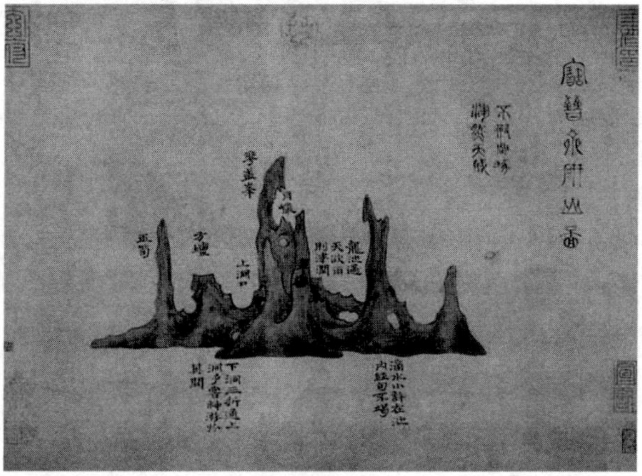

图21　《宝晋斋砚山图》（宋米芾绘）

磬最初的样子，粗陋简单；原初的磬音，是生命的欢音。上古先民用手中一块小石，去敲击大一些的石，发出清脆声响，观天起兴，望河而歌，这是人与自然界之间和谐相应。但是磬石被打磨，有了音阶和音律，这些是人为给上的规矩。磬的弯折，就像一个躬背的人，击磬的奴隶，也是跪坐的姿势。这时候，体制的时代到来，人与自然相远了，人被统治，为统治者歌功颂德，所以那时的音乐人，命运终场是很悲惨的。

大家如果没有听过磬的声音，可以用一块玉去敲另一块玉，叮叮当当的就很接近了。

小结：巫觋文化与中国早期音乐的缘起和乐器的发展密不可分。今天我在这里把一些先秦比较重要的乐器配合早期文字做一个简略介绍。以上的内容有许多书里没有，是临时准备的，定有仓促错漏，请同道指正。借用书里的一段话作为结束语：时间给这些乐器增加了历史感和人文气，如同铜器经久摩挲的厚重包浆。我们就这样看见了许多陌生、文明的转变，情感的疏离，茫漠幽渺。它们经历了逝去，变成永恒，在回不来的时空里淡无了，又在怀想的空间里产生新的图像和新的意兴。

苏泓月,《古乐之美》作者。2016 年 5 月 21 日在国家图书馆举办讲座。此文根据讲座内容整理而成。

《古乐之美》:苏泓月著,人民音乐出版社 2016 年版。第十二届"文津图书奖"获奖图书。